نوجوان نسل کے لیے

آخری نبی صلَّی اللہ علیہ واٰلہٖ وسلَّم کی

پیاری سیرت

مؤلف: محمد حامد سراج مدنی عطاری

پیشکش

مجلس اَلْمَدِیْنَۃُ الْعِلْمِیَّہ

شعبہ سیرتِ مصطفےٰ

نام کتاب	آخری نبی کی پیاری سیرت		
صفحات	147		
پہلی تا چوتھی بار	۱۴۴۲ھ/2021ء تا ۱۴۴۳ھ/2022ء	تعداد:65000(پینسٹھ ہزار)	
پانچویں بار	جمادَی الاخریٰ ۱۴۴۴ھ، دسمبر 2022ء	تعداد:20000(بیس ہزار)	
چھٹی بار	ربیع الآخرہ ۱۴۴۵ھ، نومبر 2023ء	تعداد:30000(تیس ہزار)	
ساتویں بار	جمادَی الاخریٰ ۱۴۴۶ھ، دسمبر 2024ء	تعداد:10000(دس ہزار)	
پیش کش	المدینۃ العلمیۃ Islamic Research Center		

مکتبۃ المدینہ

MAKTABA TUL MADINAH

دینی کتابوں کی اشاعت کا بین الاقوامی ادارہ

فیضانِ مدینہ، محلہ سوداگران، پرانی سبزی منڈی، کراچی
Faizan-E-Madina,Mohalla Sodagaran,Old Sabzi Mandi,Karachi
UAN : +92211111252692, Ext : 1144 :92-313-1139278, Ext : 9223
www.dawateislami.net www.maktabatulmadinah.com
ilmia@dawateislami.net feedback@maktabatulmadinah.com

پاکستان کے چند مکتبۃ المدینہ

کراچی: عالمی مدنی مرکز فیضان مدینہ نزد عسکری پارک کراچی	+92 312 2802126	لاہور: داتا دربار مارکیٹ نزد ستا ہوٹل گنج بخش روڈ لاہور	+92 42 37300561
ملتان: نزد پیپل والی مسجد اندرون بوہڑ گیٹ ملتان	+92 61 4511192	اسلام آباد: فیضان مدینہ، شبیر شریف روڈ، جی 11 مرکز، اسلام آباد	+92 314 5208663
فیصل آباد: امین پور بازار فیصل آباد	+92 41 2632625	راولپنڈی: اقبال روڈ فضل داد پلازہ بیسمنٹ نزد کمیٹی چوک راولپنڈی	+92 51 5553765
حیدر آباد: فیضان مدینہ آفندی ٹاؤن حیدر آباد	+92 313 0492960	پشاور: سٹی ٹاور شاپ #الیف 15,16 کابلی روڈ پشاور	+92 341 1458486
کراچی: اردو بازار نزد سوبھراج ہسپتال کراچی	+92 318 3402526	کراچی: رضا مسجد چشتیہ مارکیٹ کورنگی 4 نمبر کراچی	+92 311 2569741
گجرانوالہ: عرفات کالونی شیخوپورہ موڑ جی ٹی روڈ گجرانوالہ	+92 316 7223528	گجرات: گلی فیضان مدینہ شاہ جہانگیر روڈ گجرات	+92 312 6372786
آزاد کشمیر: نزد فیضان مدینہ چوک شہیداں میر پور آزاد کشمیر	+92 300 5787824	خان پور: شاہی روڈ نزد دورانی چوک خان پور	+92 312 7436719

دنیا بھر کے چند مکتبۃ المدینہ

سعودی عرب: 00971-525641947	متحدہ عرب امارات: 00971-45146911	انگلینڈ: 0044 7872 119618	جرمنی: 0049 1521 6972748
ملائیشیا: 0060 16-934 1591	آسٹریلیا: 0061 430 539 226	اٹلی: 0039-3392358897	امریکہ: 001 (847) 800-3865
جاپان: 0081-8097526831	ترکی: 0090-5318980786	بھارت: 0091 93703 84948	ساؤتھ افریقہ: 0027 79 271 9161
ساؤتھ کوریا: 0082 105517-2612	بنگلہ دیش: 00880 1934-457874	کویت: 00965-99972721	

المدینۃ العلمیۃ (دعوتِ اسلامی) DAWAT-E-ISLAMI مکتبۃ المدینہ MAKTABA TUL MADINAH

تفصیلی فہرست

پیشِ لفظ

اللہ کے آخری نبی صلَّی اللہ علیہ والہٖ وسلَّم تاریخِ انسانی کے سب سے جامع اور اکمل انسان ہیں۔ اعلیٰ انسانیت کے تمام پہلو آپ کی زندگی میں اپنے تمام تر کمال کے ساتھ جمع ہیں۔ آپ نبی ورسول ہونے کے ساتھ ساتھ داعی (نیکی کی طرف لانے والے)، مُصلِح (اصلاح کرنے والے)، مدبِّر (دانش مند)، قائد (Leader)، خطیب، امیرِ ریاست، مُربِّی (تربیت کرنے والے و پشت پناہ)، مُنصف، استاذ، مرشد (رہنمائی کرنے والے)، اَلْغَرَض! زندگی اور معاشرے کے ہر پہلو کے اعتبار سے رہنما ہیں، یہی وجہ ہے کہ آپ کی حیاتِ طیّبہ میں انسانیت کے ہر پہلو کے اعتبار سے مکمل رہنمائی موجود ہے۔

سیرتِ طیّبہ کی اسی اہمیت و ضرورت کے پیشِ نظر دعوتِ اسلامی کی مرکزی مجلسِ شوریٰ کے نگران حضرت مولانا حاجی محمد عمران عطاری صاحب نے ادارۂ تصنیف و تالیف المدینۃ العلمیہ (Islamic Research Center) سے اس خواہش کا اظہار فرمایا کہ اللہ کے آخری نبی صلی اللہ علیہ والہٖ وسلم کی مُقدّس سیرت پر ایک ایسی مختصر کتاب مُرتب کی جائے جو آسان زبان و بیان پر مشتمل ہو، تاکہ عوام الناس بالخصوص بچوں اور نوجوان نسل (اسکولز، کالج کے طلبہ) کیلئے اس کا پڑھنا آسان ہو۔ آپ نے سیرتِ طیّبہ کے ابتدائی چند صفحات پر کام کرکے اس عظیم کام کا آغاز فرمایا اور پھر تکمیل کیلئے المدینۃ العلمیہ کے سپرد کر دیا۔ عجب اتفاق ہے کہ نگرانِ شوریٰ کی خواہش سے چند دن پہلے نگرانِ المدینۃ العلمیہ، رکنِ شوریٰ مولانا محمد شاہد عطاری مدنی صاحب نے نبیِّ کریم صلی اللہ علیہ والہٖ وسلم کی سیرتِ طیّبہ پر جدید تقاضوں کے مطابق کام کرنے کیلئے المدینۃ العلمیہ میں ”شعبہ سیرتِ مصطفٰی“ قائم فرمایا۔ رکنِ شوریٰ کی شفقتوں کی بدولت سعادتوں بھرا یہ عظیم کام اسی شعبے کے حصے میں

آیا اور مختصر مدت میں اس مختصر کتاب کو مرتب کیا گیا۔ اس پر مولانا محمد حامد سراج مدنی عطاری صاحب (ذمہ دار شعبہ سیرتِ مصطفیٰ) نے کام کرنے کی سعادت پائی، جبکہ ماہنامہ فیضانِ مدینہ کے نائب مدیر مولانا محمد راشد علی مدنی عطاری صاحب اور مولانا محمد جان مدنی عطاری صاحب (معاون، شعبہ سیرتِ مصطفیٰ) نے خوب تعاون فرمایا۔ کام کی تفصیل یوں ہے:

❋ اوّلاً نبیِّ کریم صلی اللہ علیہ واٰلہٖ وسلم کی حیاتِ طیبہ کو ایک تسلسل کے ساتھ تحریر کیا گیا۔ قارئین کی آسانی کیلئے حیاتِ طیبہ کو مختلف حصوں میں تقسیم کر کے بعد میں ابواب بندی بھی کی گئی ہے۔ ❋ بعد ازاں مکمل مواد کی تخریج و تفتیش اور تقابل کیا گیا ہے۔ ❋ کتاب کو آسان سے آسان تر بنانے کیلئے آسان اور سادہ الفاظ و جملے استعمال کرنے کی کوشش کی گئی ہے۔ کتاب فائنل ہونے کے بعد اس کا مسودہ ایک عام شخص سے پڑھوایا گیا، انہیں مشکل لگنے والے سو سے زائد الفاظ اور دو درجن سے زائد جملے آسان اردو میں تبدیل کئے گئے۔ ❋ سیرتِ طیبہ کو 63 سے 92 صفحات کے درمیان پیش کرنے کا ذہن تھا، یوں اختصار کو پیش نظر رکھتے ہوئے سیرتِ طیبہ کے کئی واقعات خلاصتاً ذکر کئے گئے ہیں، تفصیل کیلئے مکتبۃ المدینہ کی دو کتب "سیرتِ مصطفیٰ، سیرتِ رسولِ عربی" ملاحظہ فرمائیں۔ ❋ سیرتِ طیبہ سے متعلق مقامات کی جدید معلومات (یعنی محلِّ وقوع، مکہ یا مدینہ سے مسافت، بائی روڈ فاصلہ، موسم، موجودہ نام وغیرہ) پیش کرنے کی مقدور بھر کوشش کی گئی ہے۔ (یہ معلومات مختلف ویب سائٹوں اور بعض عربی کتب سے ماخوذ ہیں۔) ❋ قرآنِ پاک کی تمام آیات کو قرآنی رسم الخط میں لکھنے کے ساتھ ساتھ ان کا مکمل حوالہ بھی دیا گیا ہے، اکثر مقامات پر مکتبۃ المدینہ کے شائع کردہ اعلیٰ حضرت امام احمد رضا خان رحمۃ اللہ علیہ کے ترجمہ کنز الایمان اور بعض مقامات پر حضرت مفتی محمد قاسم عطاری صاحب کے ترجمہ کنز العرفان کو ذکر کیا گیا ہے۔ ❋ مختلف مقامات کی تصاویر اور بعض غزوات کے نقشے بھی شامل کئے گئے ہیں۔ ❋ شمائل و

خصائل سیرتِ طیّبہ کا سنہری باب ہے اور ایک مسلمان کیلئے قابلِ عمل نمونہ، یوں بعض شمائل و خصائل بھی شاملِ کتاب ہیں۔ اسی طرح کتاب کے آخر میں شانِ مصطفےٰ پر بعض آیات و احادیث سمیت رسولِ کریم صلی اللہ علیہ واٰلہٖ وسلم کے استعمال کی اشیا کے بارے معلومات بھی شامل ہیں۔

❊ نبیِّ کریم صلی اللہ علیہ واٰلہٖ وسلم کی مکمل حیاتِ طیّبہ اجمالی طور پر کتاب کے آخر میں بعنوان ”حیاتِ مصطفٰی ایک نظر میں“ درج ہے۔ ❊ کتاب میں کوئی شرعی غلطی نہ ہو، اس لیے دارالافتاء اہلِ سنت کے مفتی محمد عبد الماجد عطاری مدنی صاحب سے شرعی تفتیش بھی کروائی گئی ہے۔

اللہ پاک ہماری اس سعی کو اپنی بارگاہ میں قبول فرمائے، اسے عوام بالخصوص طلبہ کرام کے حق میں نافع بنائے۔ اٰمین بِجاہِ النّبیِّ الْاَمین

شعبہ سیرتِ مصطفٰی (المدینۃ العلمیہ)

شعبان المعظم ۱۴۴۲ / مارچ 2021

تصدیق نامہ

تاریخ: 21-03-2021 حوالہ نمبر: 255

اَلْحَمْدُ لِلّٰہِ رَبِّ الْعٰلَمِیْنَ وَالصَّلٰوۃُ وَالسَّلَامُ عَلٰی سَیِّدِ الْمُرْسَلِیْنَ وَعَلٰی اٰلِہٖ وَاَصْحَابِہٖ اَجْمَعِیْن

تصدیق کی جاتی ہے کہ کتاب ”آخری نبی کی پیاری سیرت“ (مطبوعہ مکتبۃ المدینہ) پر شعبہ تفتیشِ کتب و رسائل کی جانب سے نظرِ ثانی کی کوشش کی گئی ہے۔ شعبہ نے اسے عقائد، کفریہ عبارات اور فقہی مسائل وغیرہ کے حوالے سے مقدور بھر ملاحظہ کر لیا ہے، البتہ کمپوزنگ یا کتابت کی غلطیوں کا ذمہ مجلس پر نہیں۔

شعبہ تفتیشِ کتب و رسائل (دعوتِ اسلامی)

21-03-2021

بسم اللہ الرحمٰن الرحیم
شعبہ
تفتیشِ کتب و رسائل
فیضانِ مدینہ پرانی سبزی منڈی کراچی

پہلا باب

رَسُولُ اللہ صلی اللہ علیہ وسلم کی ولادت

Blessed Birth of the Holy Prophet

دُرُودِ پاک کی فضیلت

اللہ کے آخری نبی صلَّی اللہ علیہ واٰلہٖ وسلَّم کا فرمانِ عالیشان ہے: صَلُّوا عَلَيَّ فَإِنَّ صَلَاتَكُمْ تَبْلُغُنِي حَيْثُ كُنْتُمْ مجھ پر دُرُودِ پاک پڑھا کرو، بے شک تمہارا دُرُود مجھ تک پہنچتا ہے چاہے تم جہاں بھی ہو۔ [1]

جاہلیت کی تاریکیاں

اللہ پاک کی عبادت اور اطاعت انسان کی پیدائش کا بنیادی مقصد ہے۔ دنیا کی رونق اور نفس و شیطان کے دھوکے سے یہ مقصد نگاہوں سے اوجھل ہو جاتا ہے۔ اس مقصد کو یاد دلانے اور انسان کو سیدھی راہ پر چلانے کیلئے اللہ کریم نے مختلف زمانوں میں کئی انبیائے کرام بھیجے۔ انبیائے کرام انسان کو اس کے مقصدِ حقیقی کی پہچان کرواتے اور اس کی ہدایت ورہنمائی فرماتے۔ یہ انبیا مختلف زمانوں میں مخصوص قوموں اور ملکوں کی طرف بھیجے گئے۔ سب سے آخر میں اللہ کریم نے اپنے پیارے حبیب، جنابِ احمدِ مجتبیٰ صلَّی اللہ علیہ واٰلہٖ وسلَّم کو قیامت تک کیلئے تمام کائنات کی طرف نبی بنا کر بھیجا۔ آپ کی آمد سے پہلے گزشتہ انبیائے کرام کی تعلیمات بھلا دی گئی تھیں، دنیا جہالت کے اندھیروں میں بھٹک رہی تھی، کئی برائیوں نے دنیا کے سارے معاشروں کو اپنی لپیٹ میں لے رکھا تھا۔ بالخصوص عرب سرزمین تو بدترین بدحالی کا شکار تھی۔ ظلم وزیادتی، فحاشی وبے حیائی، لڑائی جھگڑا، جوا اور شراب کی کثرت، قتل وغارت گری، جاہلانہ رسومات،

[1] ابو داود، کتاب المناسک، باب زیارۃ القبور، 2/315، حدیث: 2042

بت پرستی، غرور وتکبر اور جہالت کے بادل ہر طرف تاریکی پھیلا رہے تھے۔

ولادتِ مصطفٰے کی بہاریں

ایسے ماحول میں اللہ کے آخری نبی، حضرتِ محمد مصطفٰے صلَّی اللہ علیہ واٰلہٖ وسلَّم کی ولادت ہوئی۔ آپ کی ولادت کے ساتھ ہی کچھ ایسے واقعات رونما ہوئے جو اس بات کی خوشخبری تھے کہ وہ زمانہ آچکا ہے کہ جس میں اسلام کی روشنیاں کفر کی تاریکیوں کو مٹا دیں گی۔ نوشیرواں کے عالیشان محل کا پھٹنا اور اس کے چودہ کنگوروں کا گِر جانا، فارس میں مجوسیوں کے عبادت خانے کی صدیوں سے روشن آگ کا یکدم بجھ جانا، دریائے ساوہ کے موجیں مارتے پانی کا خشک ہو جانا، یہ اور اس طرح کے کئی واقعات اس بات کی علامت تھے کہ اب عالم کا رنگ بدلا ہے اور نئی حکومت کا سکہ چلے گا۔

آئی نئی حکومت سکہ نیا چلے گا
عالم نے رنگ بدلا صُبحِ شبِ ولادت [1]

آمدِ مصطفٰے ہوئی روشن زمانہ ہوگیا

ایسے ماحول میں حضرت آمنہ رضی اللہ عنہا کے بظاہر سادہ سے مکان میں سعادتوں اور مسرتوں کا نور چمکا اور اللہ کے آخری نبی صلَّی اللہ علیہ واٰلہٖ وسلَّم کی جلوہ گری ہوئی۔ آپ کی ولادت سے صرف آپ کی والدہ ہی خوشیوں سے مسرور نہیں ہوئیں بلکہ تمام غمزدوں اور درد کے ماروں کے لبوں پر مسکراہٹیں پھیل گئیں۔ آپ عرب کے مشہور خاندان قریش کی شاخ بنو ہاشم سے تعلق رکھتے ہیں۔ آپ کا خاندان تمام خاندانوں میں سب سے اعلٰی ہے،

[1] ذوقِ نعت، ص95

خود اللہ کے آخری نبی صلَّی اللہ علیہ واٰلہٖ وسلَّم کا فرمان ہے: اللہ پاک نے حضرت اسمٰعیل علیہ السَّلام کی اولاد میں سے "کنانہ" کو عظمت والا بنایا اور "کنانہ" میں سے "قُریش" کو چنا اور "قُریش" میں سے "بنوہاشم" کو منتخب فرمایا اور "بنوہاشم" میں سے مجھ کو چن لیا۔ [1]

مشہور قول کے مطابق واقعۂ اصحابِ فیل کے 55 دن کے بعد جب ربیع الاول کا مہینہ تھا، بارہویں تاریخ تھی، پیر کا دن تھا، صُبحِ صادق کی سُہانی گھڑی تھی، رات کی سیاہی چھٹ رہی تھی اور دن کا اجالا پھیلنے لگا تھا، 571 عیسوی کے اپریل کی 20 تاریخ تھی جب مکہ [2] شریف میں اپنی والدہ کے گھر آپ کی ولادت ہوئی۔ [3]

پُرنور ہے زمانہ صُبحِ شبِ ولادت
پردہ اٹھا ہے کس کا صُبحِ شبِ ولادت [4]

نسبِ مصطفےٰ

والدِ ماجد کی طرف سے نسب شریف یہ ہے:

(1) حضرت محمد صلَّی اللہ علیہ واٰلہٖ وسلَّم (2) بن عبد اللہ (3) بن عبد المطلب (4) بن ہاشم (5) بن

---

(1) مسلم، کتاب الفضائل، باب فضل نسب النبی... الخ، ص962، حدیث: 5938

(2) مکہ (Makkah) کا پورا نام مکۃُ المکرَّمہ ہے۔ یہ دنیا کے چند اہم اور قدیم ترین شہروں میں سے ہے۔ دنیا بھر کے مسلمانوں کا قبلہ کعبۃُ اللہ یہیں واقع ہے جسے حضرت ابراہیم اور ان کے صاحبزادے حضرت اسمٰعیل علیہما السَّلام نے تعمیر کیا تھا۔ اب اس شہر کا رقبہ 760 مربع کلو میٹر ہے۔ یہ شہر سطحِ سمندر سے 277 میٹر کی بلندی اور تقریباً 80 کلو میٹر کے فاصلے پر واقع ہے۔ یہاں کا موسم نسبتاً گرم ہے، گرمیوں میں شدید گرمی پڑتی ہے اور درجۂ حرارت عام طور پر 40 سینٹی گریڈ رہتا ہے۔ اللہ کے آخری نبی صلَّی اللہ علیہ واٰلہٖ وسلَّم نے ظاہری حیات کے تقریباً 53 سال یہاں گزارے۔

(3) مدارج النبوت، قسم دوم، باب اول، 2/14 ملتقطاً

(4) ذوقِ نعت، ص 93

عبدِ مَناف 6 بن قُصی 7 بن کِلاب 8 بن مُرَّہ 9 بن کَعْب 10 بن لُوَی 11 بن غالب 12 بن فِہر 13 بن مالک 14 بن نَضر 15 بن کِنانہ 16 بن خُزَیمہ 17 بن مُدرِکہ 18 بن الیاس 19 بن مُضَر 20 بن نِزار 21 بن مَعد 22 بن عدنان۔[1]

جبکہ والدہ ماجدہ کی طرف سے نسب شریف یوں ہے: 1 حضرت محمد صلَّی اللہ علیہ والہٖ وسلَّم 2 بن آمنہ 3 بنت وہب 4 بن عبدِ مَناف 5 بن زُہرہ 6 بن کلاب[2]

والدینِ مصطفٰے

آپ کے والدِ گرامی حضرت عبداللہ رضی اللہ عنہ ہیں۔ یہ سیرت و صورت دونوں میں بے مثال تھے۔ ان کا وصال آپ کی ولادت سے قبل 25 سال کی عمر میں ہوا۔[3] جبکہ آپ کی والدہ ماجدہ حضرت آمنہ رضی اللہ عنہا ہیں۔ یہ اپنے نسب و شرف میں قریش کی تمام خواتین میں سب سے افضل تھیں۔ والد کے وصال کے بعد انہوں نے اپنے شہزادے کی پرورش کی۔

1 السیرۃ النبویۃ لابن ہشام، ذکر سرد نسب الزکی من محمد۔۔۔ الخ، 1/89-103 ملخصاً

2 السیرۃ النبویۃ لابن ہشام، اولاد عبد المطلب، 1/238

3 مدارج النبوت، قسم دوم، باب اول، 2/12-14 ملتقطاً

دوسرا باب

رَسُولُ اللہ ﷺ کا بچپن

Blessed Childhood of the Holy Prophet

دودھ پلانے (رضاعت) کا بیان

مکہ کے معزز لوگوں کا یہ رواج تھا کہ وہ اپنے بچوں کو ماں کی گود میں پلتا دیکھنے کے بجائے صحرا میں رہنے والے قبیلوں کے پاس بچپن گزارنے کیلئے بھیجتے۔ اس کی وجہ یہ تھی کہ دیہات کی خالص غذائیں کھا کر بچوں کے اعضا اور جسم مضبوط ہوں اور ان کی خالص عربی سیکھ کر وہ بھی اسی فصاحت و بلاغت سے کلام کرنے والے بن جائیں۔ اسی وجہ سے اللہ کے آخری نبی صلَّی اللہ علیہ واٰلہٖ وسلَّم کو حضرت حلیمہ سعدیہ رضی اللہ عنہا کے سپرد کردیا گیا۔ ان کا تعلق قبیلہ "بنو سعد"[1] سے تھا جو بنی ہوازن کی ایک شاخ تھا، یہ قبیلہ عربیت اور فصاحت میں اپنا جواب نہیں رکھتا تھا۔ حضرت حلیمہ اپنے قبیلے کی خواتین کے ساتھ مکہ میں بچے کو رضاعت پر لینے کیلئے آئیں۔ حضرت حلیمہ کی قسمت کا ستارہ اپنے عروج پر تھا کہ آپ کو دو سال تک دودھ پلانے کی سعادت ان کے حصے میں آئی۔[2]

دودھ پلانے کی برکتیں

بعض روایات کے مطابق بی بی حلیمہ کے علاوہ مزید 6 خوش قسمت خواتین نے آقا کریم علیہ السَّلام کو دودھ پلانے کا شرف حاصل کیا، ان تمام عورتوں کو دولتِ ایمان نصیب ہوئی۔[3] جبکہ حضرت حلیمہ کو دودھ پلانے کی خدمت کا یہ انعام ملا کہ اُن کا پورا

[1] بنو سعد مکہ سے براستہ طائف شُقصان نامی گاؤں سے 15 سے 20 کلو میٹر کی مسافت پر واقع ہے۔ یہ علاقہ مکمل طور پر بنجر نہیں ہے، کہیں کہیں زراعت ممکن ہے۔ یہاں کی آب و ہوا اور موسم بہت صحت افزا ہے، حضرت حلیمہ کے گاؤں کا نام "شَوحَطَ" ہے، اسے "شُحط" بھی کہا جاتا ہے۔ مکہ سے اس کا بائی روڈ فاصلہ تقریباً 153 کلو میٹر ہے۔

[2] شرح الزرقانی علی المواہب، من خصائصہ، 1/278 ماخوذاً

[3] سیرت حلبیہ، باب ذکر رضاعہ وما اتصل بہ، 1/124 ملخصاً

گھرانہ دولتِ ایمان سے مالا مال ہوا۔ حضرت حلیمہ کے شوہر حضرت حارث [1] رضی اللہ عنہ، صاحبزادے عبداللہ بن حارث اور دو صاحبزادیاں انیسہ بنتِ حارث اور جدامہ بنتِ حارث ہیں۔ جُدامہ بنتِ حارث ہی شَیما کے نام سے مشہور ہیں جو اللہ کے آخری نبی علیہ السَّلام کی بڑی رضاعی بہن تھیں اور آپ کو گود میں کھلاتی اور لوریاں دیتی تھیں۔ [2]

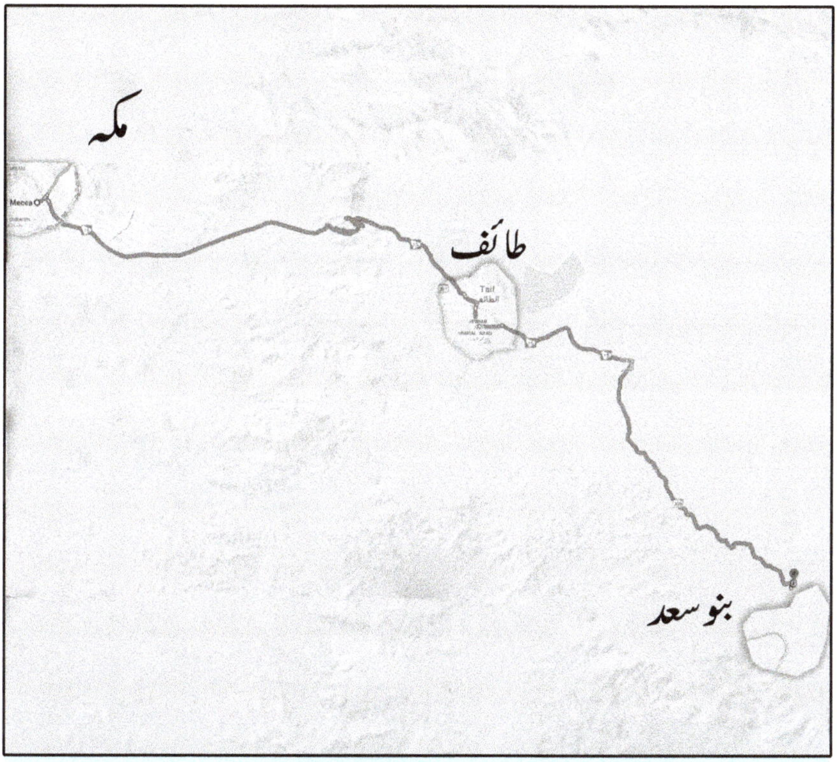

مکہ شریف سے بنو سعد تک کا نقشہ

[1] یہ صاحبِ ایمان اور اللہ کے آخری نبی علیہ السَّلام کی صحبتِ بابرکت سے فیض پانے والے تھے اور آپ کی خدمت میں حاضر بھی ہوئے۔ (فتاویٰ رضویہ، 30/293 ملخصاً)

[2] طبقات ابن سعد، 1/89

بچپن کے واقعات وبرکات

حضرت حلیمہ سعدیہ رضی اللہ عنہا جب اللہ کے آخری نبی صلَّی اللہ علیہ والہٖ وسلَّم کو لینے کیلئے آپ کے مکانِ عالیشان پر پہنچیں تو فرماتی ہیں: میں نے دیکھا کہ آپ سفید کپڑے میں لپٹے ہوئے ہیں، آپ کے پاس سے خوشبوئیں اُٹھ رہی ہیں، سبز رنگ کا ریشمی کپڑا نیچے بچھا ہوا ہے، پیٹھ کے بَل آرام فرما رہے ہیں۔ میں نے آہستہ سے قریب ہو کر اپنے ہاتھوں پر اُٹھا کر آپ کے سینۂ مبارَک پر ہاتھ رکھا تو آپ مسکرانے لگے، اپنی سرمگیں آنکھیں کھول دِیں اور مجھے دیکھنے لگے، میں نے محسوس کیا کہ ان آنکھوں سے انوار نکل رہے ہیں اور آسمان کو چھو رہے ہیں۔ بے اختیار ہو کر میں نے آپ کی دونوں آنکھوں کے درمیان بوسہ دیا اور آپ کو اپنے سینے سے لگالیا۔[1]

جب آپ رضی اللہ عنہا دودھ پلانے بیٹھیں تو نبوّت کی برکتیں ظاہر ہونے لگیں۔ خدا کی شان کہ حضرت حلیمہ رضی اللہ عنہا کے اِس قدر دُودھ بڑھ گیا کہ آپ اور آپ کے رِضاعی بھائی عبد اللہ بن حارث نے خوب پیٹ بھر کر دودھ پیا اور دونوں آرام سے سوگئے۔ رَسُولُ اللہ صلَّی اللہ علیہ والہٖ وسلَّم اپنی رضاعی والدہ کا صرف ایک طرف سے دودھ پیتے، دوسری طرف سے وہ پلانا بھی چاہتیں تب بھی نوش نہ فرماتے کہ وہ بھائی کا حصہ تھا، یہ اس بات کا اشارہ تھا کہ عدل وانصاف کا بول بالا کریں گے۔ آپ کی برکت سے حضرت حلیمہ کی لاغر اُونٹنی جو دودھ سے خالی تھی اس میں بھی خوب دودھ آگیا۔ حضرت حلیمہ کے شوہر نے اُس کا دُودھ دوہا اور دونوں میاں بیوی نے خُوب سیر

[1] مدارِج النبوت، قسم اول، باب اول، بیان حسن خلقت، 19/2 ملخصًا

ہو کر دودھ پیا اور وہ رات بڑی راحت و سکون کے ساتھ بسر کی اور رات بھر میٹھی نیند کے مزے لوٹتے رہے۔ جب بیدار ہوئے تو حضرت حلیمہ کے شوہر حارث بن عبد العزیٰ کہنے لگے: حلیمہ! تم بڑا ہی مُبارَک بچّہ لائی ہو۔ حضرت حلیمہ رضی اللہ عنہا نے کہا کہ واقعی مجھے بھی یہی اُمّید ہے کہ یہ بچہ بڑا بابرکت ہے اور خدا کی رحمت بن کر ہمیں ملا ہے۔ عن قریب ہمارا گھر خیر و برکت سے بھر جائے گا۔ [1]

سیدہ حلیمہ سعدیہ کے گھر کے آثار جہاں حضور اکرم صلّی اللہ علیہ وآلہٖ وسلّم کا مبارک بچپن گزرا

[1] سیرت حلبیہ، باب ذکر رضاعہ وما اتصل بہ، 1/132 ملخصاً

حضرت حلیمہ فرماتی ہیں کہ (جب) ہم رَسُولُ اللہ صلَّی اللہ علیہ واٰلہٖ وسلَّم کو لے کر مکہ شریف سے اپنے گاؤں کی طرف روانہ ہوئے تو میرا وہی خچر [1] جو پہلے کمزوری کی وجہ سے قافلے والوں سے پیچھے رہ جاتا تھا اب اِس قدر تیز چلنے لگا کہ کوئی دوسری سواری اس کا مقابلہ نہ کر سکتی تھی۔ [2]

بچپن کی کچھ پیاری ادائیں

اللہ کے آخری نبی صلَّی اللہ علیہ واٰلہٖ وسلَّم جب سے حضرت حلیمہ سعدیہ رضی اللہ عنہا کے پاس آئے ان کے جانور بڑھنے لگے، ان کی عزت میں اضافہ ہوا اور خیر و برکت نصیب ہونے لگی۔ جب تک آپ وہاں رہے بی بی حلیمہ کا گھر خیر و برکت سے بھرا رہا، دن بدن ان انعامات اور برکات میں اضافہ ہوتا رہا اور وہ خوشحالی کی زندگی بسر کرنے لگے۔ حضرتِ حلیمہ رضی اللہ عنہا فرماتی ہیں: دودھ پینے کی عمر میں آپ کی دیکھ بھال میں مجھے بہت آرام تھا۔ آپ دوسرے بچوں کی طرح نہ چیختے چِلّاتے اور نہ روتے۔ 2 ماہ کی عمر میں آپ گھٹنوں کے بل چلنے لگے، 3 ماہ کی عمر میں اٹھ کر کھڑے ہونے لگے، 4 ماہ کی عمر میں دیوار کے ساتھ ہاتھ رکھ کر ہر طرف چلا کرتے، 5 ماہ کی عمر میں چلنے پھرنے کی پوری قوت حاصل کر چکے تھے، 8 ماہ کی عمر میں یوں کلام فرماتے کہ بات اچھی طرح سمجھ میں آجاتی، 9 ماہ کی عمر میں فصیح باتیں کرنا شروع فرما دیں۔ [3] آپ نے اپنی عُمر کے ابتدائی

[1] خچر گدھے سے بڑا اور گھوڑے سے چھوٹا ہوتا ہے اور بار برداری و سواری کے کام آتا ہے۔ مختلف روایات سے یہ معلوم ہوتا ہے کہ اس سفر میں حضرت حلیمہ کے پاس ایک خچر اور ایک اونٹنی تھی۔

[2] مدارج النبوت، قسم دوم، باب اول، 20/2 ملتقطاً

[3] معارج النبوۃ، رکن دوم، باب سوم، فصل دوم، ص 55 تا 56

حصّے میں جو کلام فرمایا وہ اَللّٰہُ اَکْبَرُ کَبِیْرًا وَّالْحَمْدُ لِلّٰہِ کَثِیْرًا (ترجمہ: اللہ سب سے بڑا ہے اور ہر طرح کی حمد و تعریف اللہ کیلئے ہے) تھا۔ جھولا جھولتے وقت آپ چاند سے باتیں کرتے اور اپنی اُنگلی سے جس طرف اشارہ فرماتے، چاند اُسی طرف جھک جاتا۔[1]

وُجودِ مُصطفٰے کی برکتیں

بی بی حلیمہ رضی اللہ عنہا آپ کی برکتوں کو یوں بیان فرماتی ہیں: ✿ میرا قبیلہ "بنی سَعْد" قَحط میں مبتلا تھا، جب میں آپ کو لے کر اپنے قبیلے میں پہنچی تو قحط دور ہو گیا، زمین سَر سَبز، درخت پھلدار اور جانور موٹے تازے ہو گئے۔ ✿ ایک دن میری پڑوسن مجھ سے بولی: اے حلیمہ! تیرا گھر ساری رات روشن رہتا ہے، اِس کی کیا وجہ ہے؟ میں نے کہا: یہ روشنی کسی چراغ کی وجہ سے نہیں، بلکہ (حضرت) محمد (صلَّی اللہ علیہ واٰلہٖ وسلَّم) کے نورانی چہرے کی وجہ سے ہے۔ ✿ میرے پاس 7 بکریاں تھیں، میں نے آپ کا مُبارَک ہاتھ اُن بکریوں پر پھیرا تو اِس کی بَرَکت سے بکریاں اتنا دودھ دینے لگیں کہ ایک دن کا دودھ 40 دن کے لئے کافی ہو جاتا تھا۔ اِتنا ہی نہیں میری بکریوں میں بھی اِتنی برکت ہوئی کہ سات سے 700 ہو گئیں۔ ✿ قبیلے والے ایک دن مجھ سے بولے: ان کی برکتوں سے ہمیں بھی حصّہ دو! چنانچہ میں نے ایک تالاب میں آپ کے مُبارَک پاؤں ڈالے اور قبیلے کی بکریوں کو اُس تالاب کا پانی پلایا تو ان بکریوں نے بچے پیدا کئے اور قوم ان کے دودھ سے خوشحال ومالدار ہو گئی۔ ✿ آپ کو لڑکے کھیلنے کے لئے بلاتے تو ارشاد فرماتے: مجھے کھیلنے کے لئے پیدا نہیں کیا گیا۔ ✿ آپ میرے بچّوں کے ساتھ جنگل جاتے اور

1 جمع الجوامع، حرف الهمزة مع النون، 3/212، حدیث: 8361

بکریاں چَرایا کرتے تھے۔ ایک دن میرا بیٹا مجھ سے بولا: امّی جان! (حضرت) محمد (صلَّی اللہ علیہ واٰلہٖ وسلَّم) بڑی شان والے ہیں، جس جنگل میں جاتے ہیں ہَرا بھرا ہو جاتا ہے، دھوپ میں ایک بادل اِن پر سایہ کرتا ہے، ریت پر آپ کے قدم کا نشان نہیں پڑتا، پتّھر اِن کے پاؤں تلے خمیر (گُندھے ہوئے آٹے) کی طرح نرم ہو جاتا اور اُس پر قدم کا نشان بن جاتا ہے، جنگل کے جانور آپ کے قدم چومتے ہیں۔ [1]

بنو سعد میں قیام کی مدت اور واپسی

حضرت حلیمہ رضی اللہ عنہا اور ان کا خاندان قدم قدم پر اللہ کے آخری نبی صلَّی اللہ علیہ واٰلہٖ وسلَّم کی برکتوں کو دیکھتا رہا، ان سے خوب فیض پاتا رہا اور اپنا مقدر سنوارتا رہا۔ دیکھتے ہی دیکھتے دو سال مکمل ہوگئے، حضرت حلیمہ نے آپ کا دودھ چھڑا دیا اور معاہدے کے مطابق آپ کو آپ کی والدہ حضرت آمنہ رضی اللہ عنہا کے پاس لے گئیں، انہوں نے حسبِ توفیق حضرت حلیمہ کو انعام و اکرام سے نوازا۔ آپ کی برکتیں دیکھ کر حضرت حلیمہ کا دل مچلتا کہ آپ مزید ان کے پاس ان کے قبیلے میں رہیں، عجب اتفاق کہ انہی ایام میں مکہ شریف میں ایک وبائی مرض پھیلا ہوا تھا۔ حضرت حلیمہ نے وبائی بیماری سے بچانے کیلئے حضرت آمنہ کو اس بات پر راضی کرلیا کہ وہ حضور کو مزید کچھ مدت کیلئے ان کے قبیلے بھیج دیں۔ یوں حضرت حلیمہ کی دلی مراد پوری ہوئی (یعنی مقصد پورا ہوا) اور ایک بار پھر بی بی آمنہ کے چاند سے ان کا آنگن روشن ہو گیا اور اللہ کے آخری نبی علیہ السَّلام کے برکت والے وجود کی بدولت ان کا مکان دوبارہ سے رحمتوں اور برکتوں کی کان بن گیا۔ آپ

[1] الکلام الاوضح فی تفسیر الم نشرح (انوارِ جمالِ مصطفٰے)، ص 107-109 ملخصاً و ملتقطاً

تقریباً چار سال تک قبیلہ بنو سعد میں برکتیں لُٹاتے رہے۔ وہاں آپ نے اپنے رضاعی بہن بھائیوں کے ساتھ بکریاں بھی چرائیں۔ بکریاں چراگاہوں میں لے جا کر ان کی دیکھ بھال کرنا یہ تقریباً تمام انبیائے کرام علیھمُ السَّلام کی سنت ہے۔ آپ نے اپنے عمل سے بچپن ہی میں اپنی ایک خصلتِ نبوت کا اظہار فرما دیا۔ قبیلہ بنو سعد میں جب پہلا شقِ صدر ہوا اس سے گھبرا کر حضرت حلیمہ آپ کو بی بی آمنہ کے پاس لائیں اور ان کے سپرد کر دیا۔ اس کے بعد آپ اپنی والدہ پاک کی گود میں پرورش پانے لگے۔

شقِ صدر کا مطلب ہے سینے کو چیرنا۔ فرشتوں نے اللہ کے آخری نبی صَلَّی اللہ علیہ والہٖ وسلّم کے سینہ مبارک کو چیر کر دل نکال کر اسے دھویا۔ اس عمل کو شقِ صدر کہتے ہیں۔ یہ عمل آپ کی زندگی میں چار مرتبہ ہوا۔ پہلی دفعہ چار سال کی عمر میں، دوسری بار دس برس، تیسری دفعہ 40 سال کی عمر میں اور آخری بار معراج پر جانے سے پہلے۔ مشہور ہے کہ یہی بنو سعد کی وہ وادی ہے جہاں شق صدر ہوا تھا۔

تیسرا باب

رَسُولُ اللہ ﷺ کا لڑکپن

Blessed Boyhood of the Holy Prophet

والدہ کا وصال پُرملال

اللہ کے آخری نبی صلَّی اللہ علیہ والہٖ وسلَّم کی عمر مبارک جب 6 سال ہو گئی تو آپ کی والدہ ماجدہ آپ کو ساتھ لے کر مدینہ شریف میں آپ کے والد کے ننھیال سے ملانے گئیں، اس سفر میں بی بی امِّ ایمن بھی ساتھ تھیں۔ بی بی اُمِّ ایمن آپ کے والد کی کنیز تھیں۔ واپسی پر ابواء[1] کے مقام پر آپ کی والدہ کا انتقال ہو گیا اور وہیں تدفین ہوئی۔ باپ کا سایہ پہلے اٹھ چکا تھا اور اب ماں کی آغوشِ شفقت و محبت بھی چھوٹ گئی۔ حضرت امِّ ایمن نے آپ کے آنسو پونچھے، آپ کو تسلی دی اور واپس مکہ شریف لا کر آپ کے دادا حضرت عبد المطلب کے سپرد کر دیا۔

والدین کے وصال کے بعد

والدَین کے وصال کے بعد آپ کی پرورش آپ کے دادا جان کے یہاں ہوئی۔ ان کا نام عبد المطلب رضی اللہ عنہ ہے، یہ مکہ کے سردار تھے، آپ سے بڑی محبت کرتے، ہر وقت انہیں اپنے ساتھ رکھتے، جب کہیں بیٹھتے تو اپنے ساتھ بٹھاتے، کھانا اپنے ساتھ کھلاتے، رات کو اپنے پہلو میں سلاتے۔ صحنِ کعبہ میں ان کے بیٹھنے کیلئے ایک تخت رکھا جاتا، کسی بڑے سے بڑے آدمی کی مجال نہ تھی اس پر قدم رکھتا، لیکن جب اللہ کے آخری نبی صلَّی اللہ علیہ والہٖ وسلَّم تشریف لاتے تو بلا جھجک اپنے دادا جان کی جگہ پر بیٹھنے

[1] ابواء (Abwa) ایک وادی ہے جو مکہ شریف اور مدینہ شریف کے درمیان میں سمندر کی طرف واقع ہے۔ اس کا فاصلہ مکہ شریف سے تقریباً 261 جبکہ مدینہ شریف سے تقریباً 222 کلو میٹر ہے۔ وادیِ ابواء میں ایک غزوہ بھی درپیش آیا تھا جس میں لڑائی کی نوبت نہیں آئی تھی۔ آج کل وادیِ ابواء خریبہ کے نام سے مشہور ہے۔

کیلئے آگے بڑھ جاتے۔ 1 جب آپ کی عمر مبارک 8 سال کی ہوئی تو ان کا بھی وصال ہو گیا۔ 2 پھر آپ کی پرورش آپ کے چچا ابو طالب کے یہاں ہوئی۔ آپ کے مبارک بچپن کے متعلق ابو طالب کا کہنا ہے: میں نے کبھی بھی نہیں دیکھا کہ رَسُولُ اللہ صلَّی اللہ علیہ والہٖ وسلَّم کسی وقت بھی کوئی جھوٹ بولے ہوں یا کبھی کسی کو دھوکہ دیا ہو، یا کبھی کسی کو کوئی تکلیف پہنچائی ہو، یا بیہودہ بچوں کے پاس کھیلنے کے لئے گئے ہوں یا کبھی خلافِ تہذیب بات کی ہو۔ ہمیشہ انتہائی خوش اخلاق، اچھی عادتوں والے، نرم گفتار، بلند کردار اور اعلیٰ درجہ کے پارسا اور پرہیز گار رہے۔ 3

لڑکپن کی برکتیں

آپ آٹھ سال کی عمر میں اپنے چچا ابو طالب کے گھر ان کی کفالت میں آئے تو یہاں بھی خیر وبرکت کی بارشیں ہونے لگیں، یہ اپنے بچوں سے زیادہ آپ سے پیار کرتے، اپنی نگاہوں سے دور نہ ہونے دیتے، ابو طالب کا بیان ہے کہ (سرکار علیہ السَّلام سے پہلے) جب بھی میرے بچے کھانا کھاتے تو پیٹ نہ بھرتا، لیکن جب سے حضور ان کے ساتھ کھانا تناوُل فرماتے تو سب بچوں کا پیٹ بھر جاتا تھا، اس لئے جب بھی میں اپنے بچوں کو کھانا دینا چاہتا تو کہتا: رُک جاؤ! میرے بیٹے (محمد صلَّی اللہ علیہ والہٖ وسلَّم) کو آنے دو پھر کھانا شروع کرنا۔ اسی طرح جب بھی بچوں کو دودھ پلانا ہوتا تو آپ کو پہلے پلایا جاتا پھر بچوں کو دیا جاتا۔ اگر اس کے بیٹوں میں سے پہلے کوئی پی لیتا تو وہ سارا برتن اکیلا ہی ختم

1 السیرۃ النبویۃ لابن ہشام، اجلال عبد المطلب لہ، 1/ 306
2 شرح الزرقانی علی المواھب، ذکر وفاۃ امہ...الخ، 1/ 353
3 سیرتِ مصطفٰے، ص 83

کر دیتا۔ ابو طالب یہ دیکھ کر کہتے: اے محمد! صَلَّی اللہ علیہ واٰلہٖ وسلَّم تمہاری برکتوں کا کیا کہنا۔ [1]

یمن کا سفر

جب آپ کی عمر مبارک دس (10) سال کی تھی تو آپ اپنے چچا زُبیر کے ہمراہ یمن کی طرف سفر کے لئے نکلے، یہاں راستے میں ایک عجیب واقعہ ہوا کہ کسی وادی میں ایک اُونٹ لوگوں کو گزرنے سے روک رہا تھا، جب اس اُونٹ نے آپ کو دیکھا تو بیٹھ گیا اور اپنا سِینہ زَمین پر رَگڑنے لگا تو آپ اپنے اُونٹ سے اُتر کر اس پر سوار ہوئے اور جب وادی کے دوسری طرف پہنچ گئے تو اس اونٹ کو چھوڑ دیا۔ جب سَفر سے لوٹے تو دیکھا کہ وادی پانی سے بھری ہوئی ہے۔ آپ نے فرمایا: تم میرے پیچھے آجاؤ، آپ اس وادی میں تشریف لے گئے اور سب قُریش آپ کے پیچھے پیچھے چلنے لگے، اللہ پاک نے پانی خشک فرمادیا۔ جب لوگ مکہ واپس آئے تو سب کو یہ واقعہ سُنایا، جسے سُن کر انہوں نے کہا اس بچے کی شان نرالی ہے۔ [2]

شام کا پہلا تجارتی سفر

آپ کی عمر مبارک جب 12 برس ہوئی تو آپ نے اپنے چچا ابو طالب کے ساتھ شام کی طرف پہلا تجارتی سفر فرمایا۔ جب قافلہ شہرِ بُصریٰ پہنچا تو وہاں کے ایک راہب بَحِیْرا جس کا اصل نام "برجیس" تھا اس سے آپ کی ملاقات ہوئی۔ اس نے آپ کو علاماتِ نبوت سے پہچان لیا اور آپ کا ہاتھ پکڑ کر یہ اعلان کرنے لگا: یہ تمام جہانوں کے

[1] دلائل النبوۃ، وفات عبد المطلب وضم ابی طالب رَسُولَ اللہ، 1/95

[2] سبل الھدی والرشاد، الباب السابع فی سفرہ۔۔۔ الخ، 2/139

سردار ہیں، یہ ربُّ العالمین کے رسول ہیں، اللہ کریم انہیں رحمۃٌ للعالمین (تمام جہانوں کیلئے رحمت) بنا کر بھیجے گا۔ پھر اس نے آپ اور اہلِ قافلہ کیلئے کھانے کی دعوت کا اہتمام کیا۔ اس دعوت میں اس نے مزید کچھ علاماتِ نبوت دیکھیں۔ اس نے ابو طالب سے کہا: انہیں شام مت لے جاؤ۔ اگر اہلِ شام نے انہیں علاماتِ نبوت سے پہچان لیا تو انہیں قتل کرنے کی کوشش کریں گے۔ لہٰذا آپ اسی مقام سے واپس تشریف لے آئے۔ اس راہب نے آپ کو سفر کیلئے کچھ سامان بھی دیا۔ [1]

مزید تجارتی سفر

اللہ کے آخری نبی صلَّی اللہ علیہ واٰلہٖ وسلَّم تجارت کی غرض سے کئی سفروں پر تشریف لے گئے۔ دس برس کی عمر میں اپنے چچا زبیر بن عبد المطلب کے ساتھ یمن کا بھی تجارتی سفر فرمایا۔ [2] آپ نے جو تجارتی سفر حضرتِ خدیجہ رضی اللہ عنہا کیلئے کئے، ان میں سے دو سفر یمن [3] کی جانب بھی تھے۔ چنانچہ روایت میں ہے: حضرتِ خدیجہ نے آپ کو جُرَش (یمن میں ایک مقام) کی طرف دوبار تجارت کیلئے بھیجا اور ان میں سے ہر سفر ایک اونٹنی کے عوض تھا۔ [4]

حِلفُ الفضول میں شرکت

شہرِ زُبید کا ایک شخص اپنا مال بیچنے مکہ شہر میں آیا۔ عاص بن وائل نام کے ایک شخص

1 ترمذی، کتاب المناقب، باب ماجاء فی بدء نبوۃ النبی، 5/356-357، حدیث:3640 ماخوذاً

2 سبل الہدی والرشاد، الباب السابع فی سفرہ۔۔۔ الخ، 2/139

3 یمن (Yemen) اور مکہ کا درمیانی فاصلہ تقریباً 1034 کلو میٹر ہے۔

4 مستدرک، کتاب معرفۃ الصحابۃ منہم خدیجہ۔۔۔ الخ، 4/178، حدیث:4887

نے اس سے مال خرید امگر قیمت نہ دی۔ اس تاجر نے کچھ قبیلوں سے فریاد کی مگر کسی نے اسکی مدد نہ کی۔ پھر یہ شخص جبلِ ابی قبیس [1] پر چڑھ گیااور سب سے فریاد کی۔ اس پر قریش کے کچھ صلح پسند لوگوں نے ایک اصلاحی تحریک چلائی۔ قریش کے بڑے بڑے سردار عبداللہ بن جدعان کے گھر پر جمع ہوئے ، وہاں نبیِ کریم علیہ السلام کے چچا زبیر بن عبدالمطلب نے یہ رائے پیش کی کہ ہمیں باہمی معاہدہ کرنا چاہیے۔ چنانچہ قریش کے سرداروں نے ایک معاہدہ کیااور پکاارادہ کرلیا کہ ہم بے امنی کاخاتمہ، مسافروں کی حفاظت، غریبوں کی امداد، مظلوم کی حمایت اور ظالم کا محاسبہ کریں گے۔ اس معاہدہ میں آپ بھی شریک ہوئے۔ اعلانِ نبوت کے بعد بھی آپ اس معاہدہ میں شرکت پر مسرت کا اظہار کرتے اور فرماتے: اس معاہدہ سے مجھے اتنی خوشی ہوئی کہ اگر اس معاہدہ کے بدلے میں کوئی مجھے سرخ رنگ کے اونٹ بھی دیتا تو مجھے اتنی خوشی نہیں ہوتی۔ آج بھی اگر کوئی مظلوم اس معاہدے کے تحت مجھے مدد کیلئے پکارے تو میں اس کی مدد کیلئے تیار ہوں۔ [2]

اس معاہدہ کو ”حِلفُ الفضول“ کے نام سے موسوم کیا گیا۔ اس کی وجہ یہ ہے کہ بہت پہلے مکہ میں ایک معاہدہ ہوا تھا۔ اس معاہدہ کا سبب بننے والوں میں سب کا نام ”فضل“ تھا۔ اسی وجہ سے اس معاہدہ کا نام ”حلف الفضول“ یعنی ان چند آدمیوں کا معاہدہ جن کے نام ”فضل“ تھے۔ [3]

---

[1] ابو قُبیس ایک پہاڑ ہے جو مسجدِ حرام کے باہر صَفاو مَروہ کے قریب واقِع ہے۔ حکمِ الٰہی سے دنیا میں سب سے پہلے یہی پہاڑ پیدا ہوا۔ اِس پہاڑ کو ”اَلْاَمِین“ بھی کہا جاتا ہے۔ (تفسیر در منثور، پ4، آل عمران، تحت الآیۃ:96، 2/266، بلد الامین، ص206 ملخصا)

[2] الروض الانف، حلف الفضول، 1/242-244 ملخصًا

[3] السیرۃ النبویۃ لابن ھشام، حرب الفجار، 1/265

چوتھا باب

رَسُولُ اللہ صلی اللہ علیہ وسلم کی جوانی

Blessed Youth of the Holy Prophet

دوسرا سفرِ شام

اللہ کے آخری نبی صلَّی اللہ علیہ والہٖ وسلَّم ابتدا سے ہی بہترین کردار کے مالک تھے۔ جب آپ کی عمر مبارک 25 سال ہوئی تو آپ کی صداقت اور دیانت کے ہر طرف چرچے ہونے لگے۔ مکہ کی فضاؤں میں آپ کے لقب "صادق وامین" ہر طرف گونجنے لگے۔ شہرِ مکہ کی ایک معزز اور مالدار خاتون تھیں جن کا نام تھا "خدیجہ" انہیں ایسے امانت دار شخص کی ضرورت تھی جو ان کا مال ملکِ شام لے کر جائے اور وہاں فروخت کر کے نفع کما کر لائے۔ آپ کی امانت و صداقت کی شہرت جب حضرت خدیجہ تک پہنچی تو انہوں نے آپ کو پیغام بھیجا کہ آپ میرا مالِ تجارت ملکِ شام لے کر جائیں! جو تنخواہ میں دوسروں کو دیتی ہوں آپ کو اس کا دوگنا (Double) دوں گی۔ آپ نے ان کی یہ درخواست قبول فرمالی اور تجارت کا سامان اور مال لے کر ملکِ شام روانہ ہو گئے۔ اس سفر میں حضرت خدیجہ رضی اللہ عنہا کا غلام "مَیْسَرہ" بھی آپ کے ساتھ تھا جو آپ کی خدمت اور دیگر ضروریات پوری کرتا تھا۔ ایک بار پھر جب آپ ملکِ شام کے مشہور شہر "بُصریٰ" پہنچے تو وہاں "نسطورا" راہب کی عبادت گاہ کے قریب قیام فرمایا۔ وہ راہب میسرہ کو پہلے سے جانتا تھا، اسی بنیاد پر وہ اس کے پاس آیا اور آپ کی طرف اشارہ کر کے کہنے لگا: یہ کون ہیں جو اس درخت کے نیچے اترے ہیں؟ میسرہ نے جواب دیا: یہ شہرِ مکہ کے رہنے والے ہیں، بنوہاشم سے تعلق ہے، ان کا نام "محمد" ہے اور لقب "امین" ہے۔ راہب کہنے لگا: سوائے نبی کے آج تک اس درخت کے نیچے کوئی نہیں اترا۔ پھر اس نے پوچھا: کیا ان کی آنکھوں میں سرخی رہتی ہے؟ میسرہ نے جواب دیا: ہاں ہے اور وہ ہر وقت رہتی ہے۔ یہ سن کر

نسطورا کہنے لگا: یہی اللہ کے آخری نبی ہیں، مجھے ان میں وہ تمام نشانیاں نظر آرہی ہیں جو توریت و زبور میں پڑھی ہیں۔ کاش! میں اس وقت زندہ ہوں جب یہ اپنی نبوت کا اعلان فرمائیں گے، اگر میں زندہ رہا تو ان کی بھرپور مدد کروں گا اور ان کی خدمت میں پوری زندگی گزار دیتا۔ اے میسرہ! میں تمہیں نصیحت کرتا ہوں کہ کبھی ان سے جدا مت ہونا، ان کی خدمت کرتے رہنا، کیونکہ اللہ پاک نے انہیں نبوت کا شرف عطا فرمایا ہے۔

آپ سامانِ تجارت بیچ کر جلد واپس تشریف لے آئے۔ جب آپ کا قافلہ مکہ واپس پہنچا تو اس وقت حضرت بی بی خدیجہ مکان کی چھت پر بیٹھی ہوئی تھیں۔ انہوں نے یہ منظر دیکھا کہ اللہ کے آخری نبی صلَّی اللہ علیہ واٰلہٖ وسلَّم پر دو فرشتے دھوپ سے سایہ کئے ہوئے ہیں، اس منظر نے حضرت خدیجہ کے دل پر گہرا اثر کیا۔ کچھ دن کے بعد انہوں نے اپنے غلام میسرہ سے اس بات کا ذکر کیا تو میسرہ نے بتایا کہ میں تو پورے سفر میں اسی طرح کے مناظر دیکھتا رہا ہوں، پھر میسرہ نے اس طویل سفر میں آپ کی صداقت و دیانت، حُسنِ سلوک و غمخواری، معاملات کو سمجھنے اور کاروباری مہارت کے جو روح پرور مناظر اپنی آنکھوں سے دیکھے وہ بیان کئے، نسطورا راہب جس طرح آپ پر فدا ہو گیا تھا اور آپ کے مستقبل کے بارے پیش گوئیاں کی تھیں یہ بتایا، یہ سن کر حضرت خدیجہ کے دل میں آپ کیلئے عقیدت و محبت پیدا ہو گئی۔

حضرتِ خدیجہ سے نکاح

حضرت خدیجہ مکہ کی مالدار اور بہت محترم و معزز خاتون تھیں۔ آپ کا تعلق قبیلۂ قریش کی شاخ بنو اسد بن عبد العزی سے تھا، ان کا سلسلۂ نسب تین واسطوں سے

رَسُولُ اللہ صلَّی اللہ علیہ والہٖ وسلَّم سے ملتا ہے۔ [1] اہلِ مکہ انہیں ان کی پاکدامنی کہ وجہ سے طاہرہ یعنی پاکباز کے لقب سے یاد کرتے تھے۔ ان کی عمر اس وقت 40 سال ہو چکی تھی۔ انہوں نے دو شادیاں کی تھیں اور ان کے دونوں شوہر انتقال کر گئے تھے۔ بڑے امیر و کبیر افراد نے ان کو شادی کے پیغامات بھیجے لیکن انہوں نے تمام پیغامات کو واپس کر دیا اور یہ طے کر لیا تھا کہ اب نکاح نہیں کریں گی۔ لیکن آپ کے اخلاق، عادات، برکات اور حیرت انگیز واقعات سن کر ان کا دل آپ سے نکاح کی طرف مائل ہوا۔ انہوں نے اللہ کے آخری نبی صلَّی اللہ علیہ والہٖ وسلَّم کی پھوپھی حضرت صفیہ کو بلایا۔ حضرت صفیہ، بی بی خدیجہ رضی اللہ عنہا کے بھائی عوام بن خویلد کی بیوی تھیں۔ انہیں بلا کر ان سے آپ کے کچھ ذاتی حالات کے بارے میں معلومات لیں۔ پھر شام کے سفر سے واپسی کے تقریباً تین ماہ بعد انہوں نے آپ کی طرف نکاح کا پیغام بھیجا۔ اس رشتہ کو پسند کرنے کی وجہ خود حضرت خدیجہ یوں بیان فرماتی ہیں: میں نے آپ کے اچھے اخلاق اور آپ کی سچائی کی وجہ سے آپ کو پسند کیا۔ آپ نے اس درخواست کو اپنے خاندان کے بڑوں اور اپنے چچاؤں کے سامنے رکھا۔ انہوں نے یہ رشتہ منظور کر لیا۔ آپ کا نکاح ہوا جس میں آپ کے چچا ابو طالب نے خطبہ پڑھا اور اپنے مال سے بیس اونٹ حق مہر مقرر کیا۔ [2] حضرت خدیجہ تقریباً 25 سال تک حضور علیہ السلام کی خدمت میں رہیں۔ ان کی زندگی میں آپ نے کوئی دوسرا نکاح نہ فرمایا۔ رَسُولُ اللہ صلَّی اللہ علیہ والہٖ وسلَّم کے ایک فرزند حضرت ابراہیم رضی اللہ عنہ کے سوا باقی ساری اولاد حضرت خدیجہ رضی اللہ عنہا سے ہوئی۔ حضرت خدیجہ نے اپنی ساری

[1] فیضانِ خدیجۃُ الکبریٰ، ص 35-38

[2] شرح الزرقانی علی المواہب، تزوجہ من خدیجۃ، 1/370-376 مختصراً

دولت آپ کے قدموں میں نثار کر دی اور ساری عمر آپ کی خدمت کرتے گزاری۔

تعمیرِ کعبہ میں کردار

اللہ کے آخری نبی صلَّی اللہ علیہ واٰلہٖ وسلَّم کی عمر مبارک جب 35 برس ہوئی تو زبردست بارش سے حرمِ کعبہ میں سیلابی پانی آ گیا۔ اس سے کعبہ شریف کی عمارت کو کافی نقصان پہنچا اور اس کا کچھ حصہ بھی گر گیا۔ قریش نے طے کیا کہ مکمل عمارت کو توڑ کر پھر سے کعبہ کی ایک مضبوط عمارت بنائی جائے جس کا دروازہ بھی بلند ہو اور اس کی چھت بھی ہو۔[1] چنانچہ قریش نے مل جل کر اس کام کو شروع کر دیا۔ اس تعمیر میں آپ بھی شریک ہوئے اور پتھر اٹھا اٹھا کر لاتے رہے۔ مختلف قبیلوں نے کعبہ شریف کی عمارت کے مختلف حصے آپس میں تقسیم کر لیے۔ لیکن جب حجرِ اسود رکھنے کا مرحلہ آیا تو فتنوں نے سر اٹھانا شروع کر دیا، قبیلوں کا آپس میں سخت اختلاف ہو گیا۔

یہ حجر اسود کی تصاویر ہیں۔ حجر اسود ایک پتھر ہے جو حضرت آدم عَلَیْہِ السَّلَام کے ساتھ جنت سے اتارا گیا، اس پتھر کو چھونا، چومنا گناہوں کو مٹاتا ہے۔ اہلِ عرب میں یہ پتھر بہت محترم سمجھا جاتا تھا۔ آج بھی یہ پتھر کعبے کی دیوار میں نصب ہے۔

[1] السیرۃ الحلبیۃ، باب بنیان قریش الکعبۃ... الخ، 1/204، مختصراً

ہر قبیلے کی خواہش تھی کہ حجرِ اسود کو نصب کرنے کا اعزاز اسے حاصل ہو، اگر کوئی قبیلہ اس میں رکاوٹ بنے تو تلوار کے زور سے اس کا راستہ روکا جائے۔ چار دن اسی بات میں گزر گئے کہ حجرِ اسود کون نصب کرے گا۔ ایک بوڑھے شخص نے اس جھگڑے کو ٹالنے کیلئے یہ تجویز پیش کی کہ کل جو شخص صبح سویرے سب سے پہلے حرمِ مکہ میں داخل ہو اسی سے ہم اپنا فیصلہ کروائیں گے۔ وہ جو فیصلہ دے سب قبائل اسے تسلیم کریں گے۔ اس بات پر تمام قبائل کا اتفاق ہو گیا۔ خدا کی شان کہ صبح کو جو شخص سب سے پہلے حرمِ مکہ میں داخل ہوا وہ نبیِ کریم صلَّی اللہ علیہ واٰلہٖ وسلَّم ہی تھے۔ آپ کو دیکھتے ہی ان کی مسرت کی انتہا نہ رہی، سب کہنے لگے: یہ امین ہیں، یہ جو بھی فیصلہ فرمائیں گے ہم تسلیم کریں گے۔ آپ نے اس جھگڑے کو کمال دانش مندی کا مظاہرہ کرتے ہوئے اس طرح ختم کیا کہ فرمایا: جو قبیلے حجرِ اَسْوَد رکھنے کا تقاضا کرتے ہیں وہ اپنا ایک ایک سردار چن لیں۔ انہوں نے اپنے اپنے سردار چن لیے۔ پھر آپ نے اپنی چادر مبارک کو بچھا کر حجرِ اسود کو اس پر رکھا اور سرداروں سے فرمایا کہ وہ سب مل کر اس چادر کو تھام کر حجرِ اسود کو اٹھائیں۔ سب نے ایسے ہی کیا اور جب حجرِ اسود اپنے مقام تک پہنچ گیا تو آپ نے برکت والے ہاتھوں سے اس مقدس پتھر کو اٹھا کر اس کی جگہ رکھ دیا۔ اس طرح آپ کی حکمت اور دانشمندی سے فتنہ و فساد کے شعلے بھی بجھ گئے اور سب کے دلوں میں مسرت و شادمانی کی لہر بھی دوڑ گئی۔ [1]

اب تک کا غیر معمولی کردار

اللہ کے آخری نبی صلَّی اللہ علیہ واٰلہٖ وسلَّم کی تمام زندگی اعلانِ نُبُوّت سے پہلے بھی

[1] السيرة النبوية لابن هشام، حديث بنيان الكعبة... الخ، 2/13 ملخصًا

بہترین اخلاق و عادات کا مجموعہ تھی۔ سچائی، دیانتداری، وفاداری، وعدے کی پابندی، بڑوں کی عظمت، چھوٹوں سے شفقت، کمزوروں سے ہمدردی، مہربانی وسخاوت، دوسروں کی خیر خواہی، رحمدلی و نرمی اَلْغَرَض! تمام نیک باتوں اور اچھی عادتوں میں آپ بے مثل و بے مثال تھے۔ حرص، فریب، جھوٹ، بدعہدی، شراب خوری، ناچ گانا، لوٹ مار، چوری، فحش گوئی وغیرہ وغیرہ جیسی بری عادتیں جو زمانۂ جاہلیت میں بہت عام تھیں آپ کی ذاتِ گرامی ان تمام باتوں سے پاک وصاف رہی۔ بلکہ آپ کی شان یہ ہے کہ عرب کے اس گرے ہوئے معاشرے میں بھی آپ کی شرافت، امانت، دیانت اور صداقت کا دور دور تک مشہور تھی۔ مکہ کے لوگوں کے دلوں میں آپ کے اخلاق کی وجہ سے آپ کی ایک خاص عزت تھی۔ آپ کی عمر مبارک تقریباً 40 سال ہو گئی لیکن جاہلیت کے تمام بیہودہ، مشرکانہ اور جاہلانہ کاموں سے آپ کا دامن پاک رہا۔ شہرِ مکہ جہاں بت پرستی ایسی عام تھی کہ خود خانۂ کعبہ میں 360 بت موجود تھے جن کی پوجا ہوتی تھی آپ نے کبھی ان بتوں کے آگے سر نہیں جھکایا۔ آپ کی گزاری ہوئی اس زندگی کا کمال تھا کہ اعلانِ نبوت کے بعد آپ کے دشمنوں نے بڑی کوشش کی کہ کوئی چھوٹا سا عیب آپ کی زندگی کے کسی دور میں مل جائے، کوئی کمزور بات آپ کی اب تک کی زندگی میں ثابت ہو جائے تو اسے سامنے لا کر آپ کی عزت و وقار پر حملہ کیا جائے اور آپ کو لوگوں کے سامنے کمتر ثابت کیا جائے۔ مگر آپ کے ہزاروں دشمن سوچتے سوچتے تھک گئے لیکن کوئی ایک بھی ایسا واقعہ نہیں مل سکا جس سے آپ کے کردار پر انگلی اٹھاتے۔ اس لیے جیسے ہی آپ نے اعلانِ نبوّت فرمایا خوش بخت لوگ آپ کا کلمہ پڑھ کر دل وجان آپ پر قربان کرنے لگے۔

پانچواں باب

وحی اور تبلیغِ اسلام کے مراحل

Divine Revelation
and
the stages of preaching Islam

غارِ حرا میں عبادت

اللہ کے آخری نبی صلَّی اللہ علیہ واٰلہٖ وسلَّم کی عمر مبارک جب 40 سال ہوئی تو آپ کی ذاتِ اقدس میں ایک نیا انقلاب پیدا ہو گیا۔ محبتِ الٰہی اور عبادتِ الٰہی کا ذوق آپ کو مکی زندگی کی مصروفیات سے نکال کر ایک غار میں لے گیا، وہاں آپ اکیلے رہ کر اللہ کریم کی عبادت میں مگن رہتے۔ کعبہ شریف سے تھوڑی دوری پر واقع "غارِ حرا" میں کئی کئی دنوں کا کھانا پانی لے کر تشریف لے جاتے اور غار کے پر سکون ماحول میں عبادت اور غور و فکر میں مصروف رہا کرتے تھے۔ جب کھانا پانی ختم ہو تا تو کبھی خود گھر پر آکر لے جاتے اور کبھی حضرت خدیجہ رضی اللہ عنہا وہاں پہنچا دیا کرتیں، آج بھی یہ نورانی غار اپنی اصلی حالت میں موجود ہے۔

ابتداءِ وحی اور اعلانِ نبوت

وحی کی ابتدا سچے خوابوں سے ہوئی، آپ رات کو نیند کی حالت میں جو خواب دیکھتے بعد میں اس کی تعبیریں واضح ہو جاتی جیسے دن کا اجالا اور سورج کی روشنی۔ چھ ماہ اسی طرح گزر گئے۔ رمضان کے مبارک مہینے میں جب آپ معمول کے مطابق غارِ حرا کی تنہائیوں میں گوشہ نشین تھے کہ ایک رات تمام فرشتوں کے سردار حضرت جبرائیلِ امین عَلَیْہِ السَّلَام نے رب کا پہلا روح پرور پیغام بصورتِ وحی آپ تک پہنچایا۔[1] پھر کچھ عرصہ وحی نازل ہونے کا سلسلہ بند رہا۔ کچھ عرصے بعد آپ کہیں جا رہے تھے کہ کسی نے "یا محمد" کہہ

[1] ارشاد الساری، کتاب کیف کان بدء الوحی ... الخ، باب 3، 1 / 103، تحت الحدیث: 3

کر آپ کو پکارا۔ آپ نے آسمان کی طرف نظر اٹھا کر دیکھا تو حضرت جبریل جو غار میں آئے تھے اب زمین و آسمان کے درمیان ایک کرسی پر بیٹھے ہیں۔ آپ پر خوف طاری ہوا، آپ گھر آئے کمبل اوڑھ کر لیٹ گئے۔ اس وقت یہ آیاتِ کریمہ نازل ہوئیں:

یٰۤاَیُّهَا الْمُدَّثِّرُ ۙ﴿۱﴾ قُمْ فَاَنْذِرْ ۪ۙ﴿۲﴾ وَ رَبَّكَ فَكَبِّرْ ۪ۙ﴿۳﴾ وَ ثِیَابَكَ فَطَهِّرْ ۪ۙ﴿۴﴾ وَ الرُّجْزَ فَاهْجُرْ ۪ۙ﴿۵﴾ (پ29، المدثر: 1 تا 5)

ترجمہ: یعنی اے بالاپوش اوڑھنے والے کھڑے ہو جاؤ پھر ڈر سناؤ اور اپنے رب ہی کی بڑائی بولو اور اپنے کپڑے پاک رکھو اور بتوں سے دور رہو۔

غارِ حراء مسجدِ حرام سے تقریباً 4 کلو میٹر کے فاصلے پر جبلِ نور نامی پہاڑ میں واقع ہے، غار زمین سے تقریباً 350 میٹر سے زیادہ کی بلندی پر ہے۔ اس غار کی خاصیت یہ ہے کہ اس کے اندر سے خانۂ کعبہ کا نظارہ براہِ راست ممکن ہے جبکہ یہ ایسے رُخ پر ہے کہ سورج کی شعائیں اس کے اندر داخل نہیں ہوتیں۔ غار کی لمبائی تقریباً 4 میٹر اور چوڑائی تقریباً 1.5 میٹر ہے۔ سرکار عَلَیْہِ السَّلَام کے دادا حضرت عبد المطلب بھی رمضان کے مہینے میں اسی غار میں جا کر عبادت کرتے تھے۔ آج بھی خوش نصیب عاشقانِ رسول اس غار کی زیارت سے دیدہ و دل منور کرتے ہیں۔

اپنے رب کا یہ حکم ملتے ہی آپ نے حق کا علم بلند کرنے اور دنیا کو نورِ توحید سے منور کرنے کا پکا ارادہ فرمالیا۔ (1)

تبلیغِ اسلام کا آغاز اور پہلا مرحلہ

اللہ کے آخری نبی صلَّی اللہ علیہ واٰلہٖ وسلَّم نے سب سے پہلے خفیہ طور پر ان لوگوں کو دعوتِ اسلام دی جن پر آپ کو اعتماد بھی تھا اور جو آپ کے حالات سے واقف تھے۔ ان حالات میں عورتوں میں سب سے پہلے حضرت خدیجہ، آزاد مردوں میں حضرت ابو بکر صدیق، لڑکوں میں حضرت علی بن ابو طالب، آزاد کردہ غلاموں میں حضرت زید بن حارثہ اور غلاموں میں حضرت بلال رضی اللہ عنہم نے ایمان قبول کیا۔ (2) تبلیغِ اسلام کا یہ سلسلہ خفیہ طریقے سے جاری رہا، جس طرح پیاسا میٹھے اور ٹھنڈے پانی کی طرف لپکتا ہے ایسے ہی خوش نصیب روحیں دیوانہ وار اس دعوتِ حق کو قبول کرنے کیلئے لپکتیں۔ تین سال کے اس عرصے میں مسلمانوں کی ایک جماعت تیار ہوگئی۔ اس دوران آپ دارِ ارقم میں بھی رہے اور وہاں مسلمانوں کی تربیت فرماتے۔ (3)

تبلیغِ اسلام کا دوسرا مرحلہ

تین سال بعد یہ آیتِ کریمہ نازل ہوئی:

وَ اَنْذِرْ عَشِیْرَتَكَ الْاَقْرَبِیْنَ ﴿۲۱۴﴾ (پ19، الشعرآء:214)

ترجمہ: اور اے محبوب اپنے قریب تر رشتہ داروں کو ڈراؤ۔

1. بخاری، کتاب کیف کان بدء الوحی... الخ، باب3، 1/ 9، حدیث:4
2. المواھب اللدنیہ، المقصد الاول، دقائق حقائق بعثتہ، 1/ 115
3. السیرۃ الحلبیۃ، باب استخفائہ ... الخ، 1/ 402

جس میں حکم دیا گیا کہ آپ اپنے قریبی خاندان والوں کو بھی دعوتِ اسلام دیں۔ آپ نے ایک دن صفا پہاڑی کی چوٹی پر چڑھ کر قریش والوں کو بلایا۔ قبیلہ قریش کے تمام لوگ جمع ہو گئے تو اللہ کے آخری نبی صلَّی اللہ علیہ واٰلہٖ وسلَّم نے فرمایا: اے میری قوم! اگر میں تم لوگوں سے یہ کہہ دوں کہ اس پہاڑ کے پیچھے ایک لشکر چھپا ہوا ہے جو تم پر حملہ کرنے والا ہے تو کیا تم لوگ میری بات کا یقین کر لو گے؟ تو سب نے ایک زبان ہو کر کہا: ہاں! ہاں! ہم آپ کی بات کا یقین کر لیں گے کیونکہ ہم نے آپ کو ہمیشہ سچا اور امین ہی پایا ہے۔ آپ نے فرمایا: تو پھر میں یہ کہتا ہوں کہ میں تم لوگوں کو عذابِ الٰہی سے ڈرا رہا ہوں اور اگر تم لوگ ایمان نہ لاؤ گے تو تم پر اللہ پاک کا عذاب آئے گا۔ یہ سن کر تمام قریش ناراض ہو کر چلے گئے۔ ان میں آپ کا چچا ابولہب بھی تھا۔ وہ آپ کی شان میں بدزبانی کرنے لگا، آپ نے تو اس گستاخی کا کوئی جواب نہ دیا لیکن آپ کے رب نے اس کی مذمت میں قرآنِ پاک کی ایک مکمل سورت نازل فرمائی۔ [1]

تبلیغِ اسلام کا تیسرا مرحلہ

اعلانِ نبوت کے چوتھے سال سورۂ حجر کی یہ آیت نازل ہوئی۔

فَاصْدَعْ بِمَا تُؤْمَرُ وَ اَعْرِضْ عَنِ الْمُشْرِكِیْنَ ﴿۹۴﴾

(پ14، الحجر:94)

ترجمہ: تو علانیہ کہہ دو جس بات کا تمہیں حکم ہے اور مشرکوں سے منہ پھیر لو۔

جس میں اللہ پاک نے حکم فرمایا کہ کھلم کھلا سب کو دین کی تبلیغ فرمائیے۔ اس

[1] بخاری، کتاب التفسیر، سورۃ الشعراء، باب ولا تخزنی یوم یبعثون، 3/294، حدیث:4770

کے بعد رسولِ کریم صَلَّی اللّٰہُ عَلَیْہِ وَاٰلِہٖ وَسَلَّمَ اعلانیہ طور پر دینِ اسلام کی تبلیغ فرمانے لگے اور شرک وبت پرستی کی کھلم کھلا برائی بیان فرمانے لگے۔ ایسے ماحول میں تمام قریش بلکہ پورا عرب آپ کی مخالفت کرنے لگا۔[1]

بیت اللہ سے جبلِ نور پر غارِ حرا کا راستہ

[1] شرح الزرقانی علی المواھب، المقصد الاول، الاجھار بدعوتہ، 1/462

چھٹا باب

کفار کے مظالم

اور

ہجرتِ حبشہ

Brutality of disbelievers

and

migration to Abyssinia

کافروں کا آپ پر ظلم وستم

اسلام کی عَلَی الْاِعلان تبلیغ شروع ہوتے ہی ظلم وستم کی جاں سوز آندھیاں چل پڑیں۔ کفارِ مکہ بنوہاشم کے انتقام اور جنگ کے خطرے کی وجہ سے اللہ کے آخری نبی صلَّی اللہ علیہ والہٖ وسلَّم کو شہید تو نہ کرسکے لیکن جتنا ہوسکا انہوں نے ظلم وستم کے پہاڑ توڑے۔ آپ کو کاہن، جادوگر، پاگل، دیوانہ کہتے اور آپ کی شانِ عظمت نشان میں گستاخانہ جملے بکتے، پھبتیاں کستے، کبھی کوڑا کرکٹ اُچھالتے تو کبھی دروازۂ رحمت پر جانوروں کا خون ڈالتے، کبھی راستوں میں کانٹے بچھاتے تو کبھی بدنِ انور کو نشانہ بناتے۔ ایک دفعہ جب آپ حرمِ کعبہ میں سجدہ کررہے تھے تو اسی حالت میں عقبہ نامی ایک کافر نے مبارَک پیٹھ پر بچّہ دان (یعنی وہ کھال جس میں اونٹنی کا بچہ لپٹا ہوا ہوتا ہے) رکھ دیا، کافر یہ منظر دیکھ کر ہنسنے لگے اور خوشی سے باؤلے ہورہے تھے، پھر حضرت بی بی فاطمہ رضی اللہ عنہا تشریف لائیں اور اس بچہ دان کو وہاں سے ہٹایا۔[1]

ایک بار رسولِ رحمت وشفقت صلَّی اللہ علیہ والہٖ وسلَّم حرمِ کعبہ میں نماز پڑھ رہے تھے کہ عقبہ نامی ایک کافر نے آپ کے گلے میں چادر کا پھندہ ڈال کر اس زور سے کھینچا کہ آپ کا دم گھٹنے لگا۔ حضرت ابوبکر صدیق رضی اللہ عنہ یہ منظر دیکھ کر آگے بڑھے اور اور اس کافر کو دھکا دے کر ہٹایا۔ بعد میں کافروں نے حضرت ابوبکر صدیق رضی اللہ عنہ پر بھی تشدد کیا۔[2]

1 بخاری، کتاب الصلوۃ، باب المرأۃ تطرح عن المصلی...الخ، 1/193، حدیث:520
2 بخاری، کتاب مناقب الانصار، باب مالقی النبی واصحابہ...الخ، 2/575 حدیث:3852

صحابۂ کرام پر کافروں کا ظلم و ستم

اللہ کے آخری نبی صلَّی اللہ علیہ واٰلہٖ وسلَّم کے ساتھ ساتھ کافروں نے صحابۂ کرام پر بھی ظلم و ستم کے پہاڑ توڑے۔

ایک دفعہ حضرت ابو بکر صدیق رضی اللہ عنہ نے حرمِ کعبہ میں خطبہ دینا شروع کیا۔ یہ دیکھ کر مشرکین و کفار مسلمانوں پر ٹوٹ پڑے۔ حضرت صدیقِ اکبر کو اتنا مارا کہ ان کا چہرہ خون سے بھر گیا۔ ناک کان سب لہولہان ہو گئے اور ان کا چہرہ پہچان میں نہ آتا تھا۔ حضرت ابو بکر بیہوش ہو گئے اور دیر تک بیہوش رہے۔ [1]

حضرت خباب رضی اللہ عنہ اس زمانے میں اسلام لائے جب صرف چند ہی آدمی مسلمان ہوئے تھے۔ قریش نے ان کو بے حد ستایا۔ یہاں تک کہ آگ کے انگاروں پر ان کو چِت لٹایا اور ایک شخص ان کے سینے پر پاؤں رکھ کر کھڑا رہا۔ یہاں تک کہ ان کی پیٹھ سے پگھلنے والی چربی سے وہ کوئلے بجھ گئے۔ زندگی بھر ان کی پیٹھ پر ان کوئلوں کے داغ رہے۔ ایک بار حضرت عمر فاروقِ اعظم رضی اللہ عنہ نے اپنے دورِ خلافت میں وہ داغ دیکھے تو ان کا دل بھر آیا اور رو پڑے۔ [2]

حضرت بلال رضی اللہ عنہ کے گلے میں رسی باندھ کر بازاروں میں گھسیٹا جاتا۔ ان کی پیٹھ پر لاٹھیوں کی بارش کی جاتی، دوپہر کے وقت تیز دھوپ میں گرم گرم ریت پر ان کو لٹا کر اتنا بھاری پتھر ان کی چھاتی پر رکھ دیا جاتا تھا کہ ان کی زبان باہر نکل آتی تھی۔

---

[1] تاریخ ابن عساکر، رقم 3398، عبد اللہ یقال عتیق۔۔۔ الخ، 30/49

[2] طبقات ابن سعد، رقم: 43، خباب بن الارت، 122-123/ 3

اس حال میں بھی یہ اَحَد اَحَد کے نعرے لگاتے تھے۔[1]

ایسا نہیں تھا کہ صرف مردوں کو ہی ظلم و ستم کا نشانہ بنایا جاتا بلکہ وہ خواتین جو اسلام قبول کرتیں انہیں بھی تکالیف کا سامنا کرنا پڑتا۔ حضرت عمار بن یاسر کی والدہ حضرت سمیہ رضی اللہ عنہا وہ خوش بخت خاتون ہیں جنہوں نے سب سے پہلے اپنے خون کا نذرانہ پیش کیا۔ یہ بوڑھی تھیں ابو جہل نے انہیں نیزہ مار کر شہید کر دیا تھا۔[2] اسلام کی پہلی شہیدہ ہونے کا اعزاز انہیں حاصل ہے۔

ہجرتِ حبشہ

جب کفارانِ قریش مسلمانوں کو تکلیف دینے سے باز نہ آئے بلکہ ان کے مظالم میں اضافہ ہونے لگا تو اللہ کے آخری نبی صلَّی اللہ علیہ واٰلہٖ وسلَّم نے اپنے جان نثار صحابہ کو اجازت دی کہ وہ ہجرت کر کے حبشہ[3] چلے جائیں۔[4] حبشہ کا بادشاہ نجاشی عیسائی دین پر عمل کرتا تھا اور انصاف پسند اور نرم دل تھا۔ چنانچہ اعلانِ نبوت کے پانچویں سال گیارہ مرد اور چار عورتوں کے ایک قافلے نے اپنے پیارے وطن کو چھوڑ کر حبشہ کی طرف ہجرت کی۔ اسے ہجرتِ اُولیٰ کہتے ہیں۔ کچھ دنوں کے بعد مزید کئی صحابہ و صحابیات نے حبشہ کی طرف ہجرت کی۔ یہاں تک کہ حبشہ ہجرت کرنے والوں کی تعداد 82

1. شرح الزرقانی علی المواہب، المقصد الاول، اسلام حمزۃ، 1/ 498
2. شرح الزرقانی علی المواہب، المقصد الاول، اسلام حمزۃ، 1/ 496
3. موجودہ افریقی ملک ایتھوپیا (Ethiopia) کے کچھ علاقے جنہیں اہلِ عرب حبشہ سے موسوم کرتے تھے۔ یہاں شاہِ حبشہ نجاشی کی حکومت تھی جو بعد میں سعادتِ اسلام سے مشرف ہوئے، ان کا مزار ایتھوپیا میں ہی ہے۔
4. شرح الزرقانی علی المواہب، المقصد الاول، الھجرۃ الاولیٰ الی الحبشۃ، 1/ 502

افراد تک پہنچ گئی۔ 1 یہ دیکھ کر قریش نے حبشہ کے بادشاہ کی طرف ایک وفد بھیجا، جس نے بادشاہ سے اصرار کیا کہ وہ ان مسلمانوں کو قریش کے حوالے کر دے مگر کفار کی یہ کوششیں ناکام ہوئیں۔ 2

ہجرت حبشہ کے راستے کا نقشہ

حبشہ میں موجود مسجد نجاشی

1 شرح الزرقانی علی المواھب، المقصد الاول، الھجرۃ الثانیۃ الی الحبشۃ۔۔۔ الخ، 2/31
2 شرح الزرقانی علی المواھب، المقصد الاول، الھجرۃ الاولیٰ الی الحبشۃ، 1/506

ساتواں باب

بائیکاٹ

اور

عامُ الحُزن

Boycott
and
The year of grief

شعبِ ابی طالب کا محاصرہ

کفارِ مکہ کو یہ خوش فہمی تھی کہ وہ اپنے وحشیانہ ظلم و ستم سے اسلام کی تحریک کو یا تو ختم کر دیں گے یا کمزور کر دیں گے، لیکن ان کی تمام تر کوششوں کے باوجود مسلمانوں کی تعداد بڑھتی جا رہی تھی، اس صورتحال سے وہ آپے سے باہر ہونے لگے۔ تمام سرداران قریش اور مکہ کے دوسرے کفار نے یہ اسکیم بنائی کہ اللہ کے آخری نبی صلَّی اللہ علیہ واٰلہٖ وسلَّم اور آپ کے خاندان کا مکمل بائیکاٹ کر دیا جائے۔ چنانچہ اس تجویز کے مطابق تمام قبائلِ قریش نے یہ معاہدہ کیا کہ جب تک بنی ہاشم کے خاندان والے حضور علیہ السَّلام کو ہمارے حوالے نہ کر دیں، کوئی شخص بنو ہاشم کے خاندان سے شادی بیاہ نہ کرے، کوئی شخص ان لوگوں کے ہاتھ کسی قسم کی خرید و فروخت نہ کرے، کوئی شخص ان لوگوں سے میل جول، سلام کلام اور ملاقات نہ کرے۔ کوئی شخص ان لوگوں کے پاس کھانے پینے کا کوئی سامان نہ جانے دے۔ منصور بن عکرمہ نے اس معاہدہ کو لکھا اور تمام سردارانِ قریش نے اس پر دستخط کر کے اس دستاویز کو کعبہ کے اندر لٹکا دیا۔ ابو لہب کے سوا تمام بنو ہاشم ابو طالب کی وہ گھاٹی جس کو اب شعبِ ابی طالب کہتے ہیں اس میں محصور ہو گئے۔ ان میں غیر مسلم بھی شامل تھے جو صرف اپنے خاندانی تعلق کی وجہ سے آپ کے ساتھ شریک ہوئے۔[1] تین سال تک تمام بنو ہاشم اس گھاٹی میں رہے۔ یہ تین سال کا زمانہ اس قدر سخت تھا کہ بنو ہاشم درختوں کے پتے اور سوکھے چمڑے پکا پکا کر کھاتے تھے۔ بھوک سے بلکتے ہوئے ننھے بچے اس قدر زور

[1] شرح الزرقانی علی المواہب، المقصد الاول، دخول الشعب وخبر الصحیفۃ، 2/12 تا 14

زور سے روتے کہ ان کی آوازیں دور دور تک سنائی دیتیں۔ مگر ان سخت دل کافروں نے ہر طرف سے گھاٹی پر پہرہ بٹھایا ہوا تھا کہ کھانے پینے کی کوئی شے اندر نہ پہنچے۔ [1] تین سال اسی حالت میں گزر گئے تو اللہ کریم نے اپنے حبیب علیہ السّلام کو خبر دی کہ اس معاہدے کو دیمک اس طرح چاٹ گئی ہے کہ خُدا کے نام کے سوا اس میں کچھ باقی نہیں رہا۔ آپ نے یہ خبر ابو طالب کو دی اس نے کفارِ قریش کو جا کر کہا: اے گروہِ قریش! میرے بھتیجے نے مجھ کو اس طرح خبر دی ہے۔ تم اپنا معاہدہ لاؤ! اگر یہ خبر صحیح نکلی تو تم اس ظلم و سختی سے باز آؤ اور اگر غلط نکلی تو میں اپنے بھتیجے کو تمہارے حوالے کر دوں گا۔ وہ اس پر راضی ہو گئے اور جب جا کر دیکھا تو ان کے ہوش اڑ گئے کہ جیسا آپ نے ارشاد فرمایا تھا حرف بحرف اسی طرح معاملہ تھا۔ [2]

عامُ الحُزن یعنی غم کا سال

اعلانِ نبوت کے دسویں سال جبکہ شعبِ ابی طالب کے محاصرے کو ختم ہوئے ابھی تھوڑا ہی وقت گزرا تھا اللہ کے آخری نبی صلَّی اللہ علیہ واٰلہٖ وسلَّم کے چچا ابو طالب کا انتقال ہو گیا۔ [3] ابو طالب کی وفات سے آپ کو بہت صدمہ ہوا۔ ابو طالب کی وفات کو ایک ہفتہ بھی نہ گزرا تھا کہ آپ کی زوجہ حضرت خدیجہ رضی اللہ عنہا بھی دنیا سے پردہ فرما گئیں۔ مکہ میں یہ دو ہستیاں ایسی تھیں جو آپ علیہ السلام کے بہت قریب تھیں۔ قدم قدم پر انہوں نے آپ کی حمایت و مدد کی۔ جب آپ نے کفر و شرک کے

1. سیرتِ مصطفےٰ، ص139
2. شرح الزرقانی علی المواھب، المقصد الاول، الھجرۃ الثانیۃ۔۔۔الخ، 2/37 ملخصا
3. شرح الزرقانی علی المواھب، المقصد الاول، وفاۃ خدیجۃ وابی طالب، 2/38

تاریک اندھیروں میں توحید کی شمع روشن کی تو کفار نے جو طوفانِ بدتمیزی برپا کیا یہ دونوں ہستیاں ہی اس مشکل وقت میں آپ کا سہارا بنیں۔ ان کی وفات کے حادثے ایک ہی سال میں بڑی قلیل مدت میں واقع ہوئے اور آپ کو اس سے بہت رنج و غم ہوا، اس لیے آپ نے اس سال کو غم کا سال یعنی "عام الحزن" قرار دیا۔ [1]

شعب ابی طالب کی ایک پرانی تصویر۔ اب یہ جگہ مسجدِ حرام میں شامل کر دی گئی ہے۔

حضرتِ خدیجۃ الکبریٰ رضی اللہ عنہا کے مزار شریف کی ایک قدیم تصویر

[1] شرح الزرقانی علی المواھب، المقصد الاول، وفاۃ خدیجۃ وابی طالب، 2/48 تا 49

آٹھواں باب

سفرِ طائف

اور

ہجرتِ مدینہ

Journey to Taif and migration to Madinah

سفرِ طائف کے واقعات

حضرت خدیجہ اور ابو طالب کے انتقال کے بعد کافروں کے ظلم و ستم میں مزید اضافہ ہو گیا۔ ان کے اس رویے کے بعد آپ نے ارادہ فرمایا کہ اگر وہ طائف جا کر دعوتِ اسلام دیں اور وہاں کے سردار ایمان قبول کر لیتے ہیں تو اس سے مسلمانوں کو قوت اور طاقت ملے گی۔ یہ سوچ کر آپ نے طائف کے سفر کا ارادہ فرمایا۔ آپ طائف کیلئے پیدل سفر پر نکلے، آپ کے ساتھ صرف آپ کے غلام حضرت زید بن حارثہ تھے۔ طائف پہنچ کر آپ نے کچھ دن آرام کے بعد وہاں کے سرداروں سے ملاقات کی۔ تین سردار عبدیالیل اور اس کے دو بھائی مسعود اور حبیب کو آپ نے اسلام کی دعوت دی۔ مگر انہوں نے دعوت قبول کرنے کے بجائے نہ صرف آپ کا مذاق اڑایا بلکہ طائف کے بدمعاش اور شریر لوگ آپ کے پیچھے لگا دیئے جو جلوس کی شکل میں اکٹھے ہو گئے اور آپ کا تعاقب کرنے لگے، یہ لوگ پھبتیاں کستے، نازیبا جملے کہتے اور اپنے بتوں کے نعرے لگاتے ہوئے آپ کے پیچھے لگ گئے اور آپ پر پتھر برسانے شروع کر دیئے۔ انہوں نے اللہ کے آخری نبی صلَّی اللہ علیہ واٰلہٖ وسلَّم کے مبارک قدموں کو نشانہ بنایا اور اتنے پتھر مارے کہ پاؤں مبارک زخمی ہو گئے اور خون بہنے لگا۔ اتنا خون بہا کہ آپ کے جوتے خون سے بھر گئے۔ آپ کے غلام حضرت زید بن حارثہ رضی اللہ عنہ آپ کو پتھروں سے بچانے کیلئے خود آگے آتے اور پتھر اپنے بدن پر لیتے جس سے وہ خود بھی لہولہان ہو گئے۔ جب آپ درد کی شدت کی وجہ سے بیٹھ جاتے تو کوئی شریر آگے بڑھتا اور بڑی بے دردی سے آپ کو جھٹکا دے کر کھڑا کر دیتا اور چلنے پر

مجبور کرتا۔ جب آپ چلنے لگتے تو یہ ظالم پھر آپ پر پتھر برساتے، گالیاں دیتے، تالیاں بجاتے اور ہنسی اڑاتے۔ آخر کار آپ نے زید بن حارثہ کے ساتھ قریب میں موجود انگوروں کے باغ میں پناہ لی۔ یہ باغ مشہور کافر اور آپ کے دشمن عتبہ بن ربیعہ کا تھا۔ آپ کی حالت دیکھ کر وہ بھی آپ کو رحم بھری نظروں سے دیکھنے لگا۔ اس نے آپ کیلئے اپنے غلام کے ہاتھ انگوروں کا خوشہ بھیجا جو آپ نے قبول فرمایا۔ آپ کی باتیں سن کر انگور لانے والا نصرانی غلام عداس آپ پر ایمان لے آیا اور آپ کے ہاتھ پاؤں چومنے لگا۔[1]

یہ طائف میں واقع مسجد عداس ہے۔ کہا جاتا ہے کہ یہ وہی جگہ ہے جہاں آپ نے زخمی ہونے کے بعد کچھ دیر آرام فرمایا تھا۔ یاد رہے کہ طائف (Taif) مکہ شریف سے تقریباً 91 کلومیٹر کے فاصلے پر ایک شہر ہے۔ یہ سطح سمندر سے تقریباً ساڑھے پانچ ہزار فٹ کی بلندی پر واقع ہے، یہاں موسم بڑا خوشگوار رہتا ہے اور اتنی گرمی نہیں ہوتی جتنی کہ عرب کے دوسرے علاقوں میں ہوتی ہے۔ یہاں کے انگور اور شہد کافی مشہور ہیں۔ عرب کا یہ سب سے پہلا شہر ہے جس کے اطراف میں فصیل تھی۔

[1] شرح الزرقانی علی المواھب، المقصد الاول، خروجہ الی الطائف، 2/ 49تا56، ملتقطا

سب سے سخت دن

بہت عرصہ گزر جانے کے بعد ایک بار حضرت عائشہ رضی اللہ عنہا نے اللہ کے آخری نبی صلَّی اللہ علیہ واٰلہٖ وسلَّم سے پوچھا: کیا جنگ احد کے دن سے بھی زیادہ سخت کوئی دن آپ پر گزرا ہے؟ تو آپ نے ارشاد فرمایا: ہاں اے عائشہ! وہ دن میرے لئے جنگِ اُحُد کے دن سے بھی زیادہ سخت تھا، جب میں نے طائف میں وہاں کے ایک سردار "عبد یالیل" کو اسلام کی دعوت دی۔ اس نے دعوتِ اسلام کو قبول نہ کیا اور اہلِ طائف نے مجھ پر پتھراؤ کیا۔ میں اس رنج و غم میں سر جھکائے چلتا رہا یہاں تک کہ مقام "قرن الثعالب" میں پہنچ کر میرے ہوش و حواس بجا ہوئے۔ وہاں پہنچ کر جب میں نے سر اٹھایا تو کیا دیکھتا ہوں کہ ایک بدلی مجھ پر سایہ کئے ہوئے ہے، اس بادل میں سے حضرت جبریل نے مجھے آواز دی اور کہا کہ اللہ پاک نے آپ کی قوم کا جواب سن لیا اور اب آپ کی خدمت میں پہاڑوں کا فرشتہ حاضر ہے۔ تاکہ وہ آپ کے حکم کی تعمیل کرے۔ پھر پہاڑوں کا فرشتہ مجھے سلام کرکے عرض کرنے لگا: اے محمد! اللہ پاک نے مجھے آپ کی خدمت میں بھیجا ہے تاکہ آپ مجھے جو چاہیں حکم دیں اور میں آپ کا حکم بجالاؤں۔ اگر آپ کہیں میں ابو قبیس اور قعیقعان یہ دونوں پہاڑ ان کفار پر اُلٹ دوں تو میں اُلٹ دیتا ہوں۔ یہ سن کر آپ نے جواب دیا کہ نہیں بلکہ میں امید کرتا ہوں کہ اللہ پاک ان کی نسلوں سے اپنے ایسے بندوں کو پیدا فرمائے گا جو صرف اللہ پاک کی ہی عبادت کریں گے اور شرک نہیں کریں گے۔[1]

[1] شرح الزرقانی علی المواہب، المقصد الاول، خروجہ الی الطائف، 2/51

اللہ رسول محمد — جِنّات کا قبولِ اسلام

اللہ کے آخری نبی صلَّی اللہ علیہ واٰلہٖ وسلَّم اسی سفر طائف سے واپسی پر مقامِ "نخلہ" میں تشریف فرما ہوئے۔ رات میں جب آپ نمازِ تہجد میں قرآن پڑھ رہے تھے تو "نصیبیَن" کے جنوں کی ایک جماعت آپ کی خدمت میں حاضر ہوئی اور قرآن سن کر یہ سب جن مسلمان ہو گئے۔ پھر ان جِنّات نے واپس جا کر اپنی قوم کو تبلیغ کی تو مکہ شریف میں جِنّات کے بڑے بڑے گروہوں نے اسلام قبول کیا۔[1] قرآنِ پاک میں سورۂ جن کی ابتدائی آیات میں اللہ پاک نے اس واقعہ کا ذکر فرمایا ہے۔

اللہ رسول محمد — مدینہ شریف میں اسلام کی روشنی

مکہ شریف سے جانبِ شمال ایک شہر "یثرب" تھا جو بعد میں مدینہ[2] قرار پایا۔ آپ کے یہاں تشریف لانے کے بعد اس کا نام "مدینہ" ہوا۔ آپ کے اعلانِ نبوت کے وقت یہاں دو قبیلے "اوس" و "خزرج" کے ساتھ کچھ یہودی بھی رہتے تھے۔ یہ لوگ اگرچہ بت پرست تھے مگر یہودیوں سے سن سن کر انہیں معلوم تھا کہ عن قریب اللہ کے آخری نبی صلَّی اللہ علیہ واٰلہٖ وسلَّم کی آمد ہو گی یوں گویا یہ منتظر تھے کہ کب ان کی آمد ہوتی ہے اور ہم ان پر ایمان لا کر اپنا مقدر سنواریں۔

---

1. المواہب اللدنیۃ، المقصد الاول، ذکر ہجرتہ، 1/137-138، ملخصاملتقطا

2. شہرِ مدینہ (Madina) کا پورا نام مدینۃُ النبی ہے۔ اس شہر کی بنیاد اسلام کے نام پر ہے۔ یہاں مسجدِ نبوی اور حضور علیہ السَّلام کا روضۂ مبارک ہے۔ اب اس شہر کا رقبہ تقریباً 589 مربع کلومیٹر ہے۔ مکہ شریف سے یہ شہر تقریباً 342 کلومیٹر کے فاصلے پر ہے جبکہ آج کل بائی روڈ مسافت 450 کلومیٹر ہے۔ اللہ کے آخری نبی صلَّی اللہ علیہ واٰلہٖ وسلَّم نے ظاہری حیات کے تقریبا 10 برس یہاں گزارے۔ یہ شہر عاشقانِ رسول کے آنکھوں کی ٹھنڈک ہے۔

اعلانِ نبوت کے گیارہویں(11th)سال رَسُولُ اللہ صلَّی اللہ علیہ واٰلہٖ وسلَّم حج کے موقع پر آنے والے قبیلوں کو دعوتِ اسلام دینے کیلئے منیٰ تشریف لے گئے۔ منیٰ میں جو گھاٹی ہے جہاں آج مَسْجِدُ الْعُقْبہ (عربی میں عقبۃ گھاٹی کو کہتے ہیں) ہے وہاں آپ تشریف فرما تھے کہ قبیلہ خزرج کے چھ آدمی آپ کے پاس آگئے۔ آپ نے ان لوگوں سے ان کا نام ونسب پوچھا۔ پھر قرآن کی چند آیتیں سنا کر ان لوگوں کو اسلام کی دعوت دی جس سے یہ لوگ بے حد متاثر ہوئے۔ واپسی میں یہ آپس میں کہنے لگے کہ یہودی اللہ پاک کے جس آخری نبی کی بات کرتے رہے ہیں یقیناً وہ نبی یہی ہیں۔ لہٰذا کہیں ایسا نہ ہو کہ یہودی ہم سے پہلے اسلام کی دعوت قبول کرلیں۔ یہ کہہ کر سب ایک ساتھ مسلمان ہوگئے اور مدینہ جا کر اپنے اہل خاندان اور رشتہ داروں کو بھی اسلام کی دعوت دی۔

بیعتِ عقبہ اولیٰ

اگلے برس یعنی اعلانِ نبوت کے بارہویں(12th)سال حج کے موقع پر مدینہ کے مزید 12 افراد منیٰ کی گھاٹی میں چھپ کر اسلام لائے اور آپ کے ہاتھ پر بیعت کی۔ تاریخِ اسلام میں اس بیعت کو "بیعتِ عقبہ اولیٰ" (گھاٹی کی پہلی بیعت) کہتے ہیں۔ اس بیعت کو بیعتِ عقبہ اس وجہ سے کہتے ہیں کیونکہ یہ بیعت مِنٰی کی پہاڑی میں عقبہ کے قریب ہوئی جسے جمرۃُ العقبہ بھی کہتے ہیں۔[1] ان لوگوں نے آپ سے درخواست کی کہ اسلام کے احکام سکھانے کیلئے کوئی مُعَلِّم بھی ان کو دیا جائے۔ آپ نے حضرت

[1] فیضانِ صدیقِ اکبر، ص199

مصعب بن عمیر رضی اللہ عنہ کو ان کے ساتھ مدینہ شریف بھیج دیا۔ انہوں نے وہاں جاکر گھر گھر دین کی دعوت دی اور روزانہ کئی کئی افراد ان کی دعوت پر اسلام قبول کرنے لگے۔ یہاں تک کہ آہستہ آہستہ ہر طرف دین پھیلنے لگا۔ قبیلہ اوس کے سردار حضرت سعد بن معاذ رضی اللہ عنہ بھی ان کی دعوت پر اسلام لائے، ان کے اسلام لاتے ہی ان کا پورا قبیلہ "اوس" مسلمان ہو گیا۔ 1

مسجد عقبہ

منیٰ شریف

1 المواہب اللدنیۃ، المقصد الاول، ذکر ہجرتہ، 1/ 140-142، ملتقطا

بیعتِ عقبہ ثانیہ

اس بیعت کے ایک سال بعد یعنی اعلانِ نبوت کے تیرہویں (13th) سال حج کے موقع پر مدینہ کے تقریباً 72 افراد نے منیٰ کی اسی گھاٹی میں اپنے بت پرست ساتھیوں سے چھپ کر اللہ کے آخری نبی صلَّی اللہ علیہ واٰلہٖ وسلَّم کے مبارک ہاتھ پر بیعت کی اور یہ عہد کیا کہ ہم لوگ آپ کی اور اسلام کی حفاظت کے لئے اپنی جان اور مال سب قربان کر دیں گے۔ [1]

ہجرتِ مدینہ

مدینہ شریف میں اتنے لوگوں کے اسلام قبول کرنے سے گویا مسلمانوں کو ایک پناہ گاہ مل گئی۔ آپ نے صحابۂ کرام کو عام اجازت دے دی کہ وہ ہجرت کر کے مدینہ چلے جائیں۔ چنانچہ سب سے پہلے حضرت ابو سلمہ رضی اللہ عنہ نے ہجرت کی۔ [2] ان کے بعد دوسرے لوگ بھی مدینہ روانہ ہونے لگے۔ جب کفار کو پتہ چلا تو انہوں نے ہجرت کرنے والوں کو روکنے کی کوششیں شروع کر دیں مگر چھپ چھپ کر لوگوں نے ہجرت کا سلسلہ جاری رکھا یہاں تک کہ تھوڑے ہی عرصے میں بہت سے صحابۂ کرام مدینہ شریف ہجرت کر گئے۔ اب مکہ شریف میں صرف وہ لوگ رہ گئے جو یا تو کافروں کی قید میں تھے یا پھر غربت کی وجہ سے ہجرت نہیں کر سکتے تھے۔ اللہ کے آخری نبی صلَّی اللہ علیہ واٰلہٖ وسلَّم کو ابھی تک اللہ کریم کی طرف سے ہجرت کا حکم نہیں ہوا تھا تو آپ

1. المواہب اللدنیۃ، المقصد الاول، ذکر ہجرتہ، 1 / 143، ملتقطا
2. المواہب اللدنیۃ، المقصد الاول، ذکر ہجرتہ، 1 / 143

مکہ میں ہی رہے۔ آپ کے حکم سے حضرت ابو بکر صدیق اور حضرت علی رضی اللہ عنہ بھی ابھی تک مکہ شریف میں رکے ہوئے تھے۔

رسولِ کریم صلّی اللہ علیہ واٰلہٖ وسلّم کی مدینہ شریف کی طرف ہجرت کا نقشہ

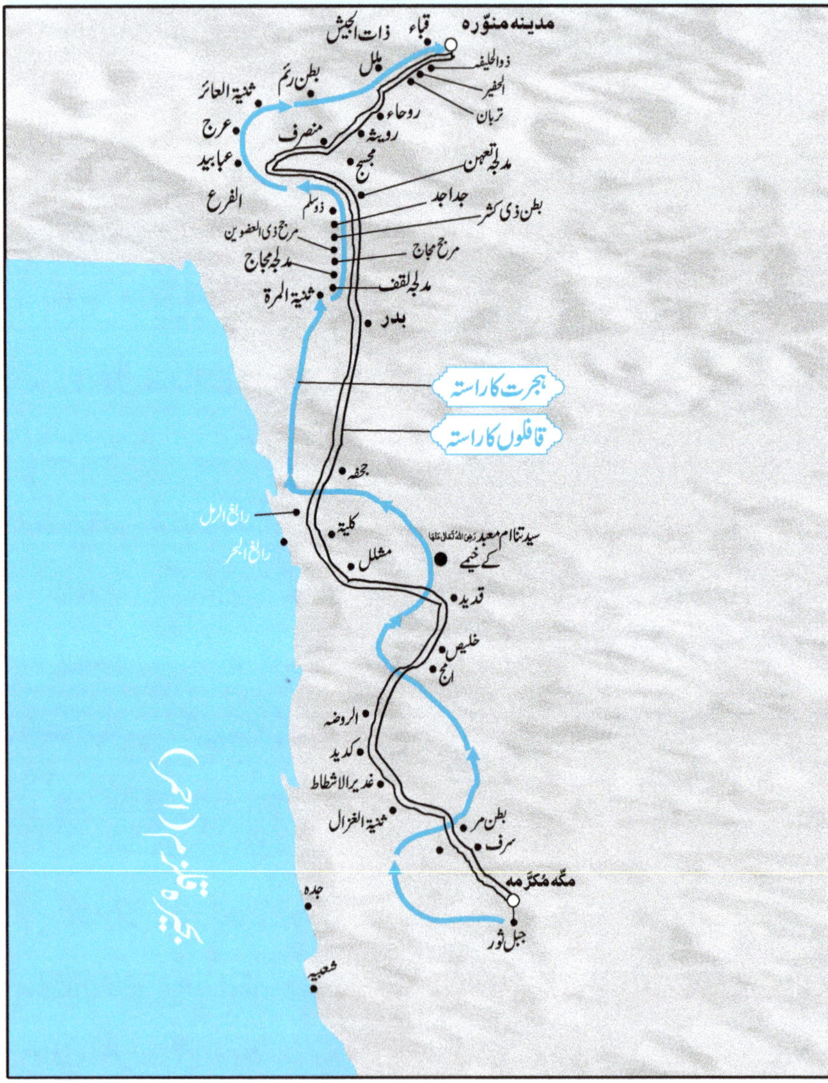

کافروں کا اجتماع

قریش کے کافر اس تمام صورتحال سے بڑے پریشان ہوئے، یہ دیکھ کر کہ مدینہ کے لوگ اسلام لا چکے ہیں اور بڑھتے جا رہے ہیں جبکہ مکہ کے لوگ بھی وہاں ہجرت کر رہے ہیں، ایسا نہ ہو کہ حضور علیہ السّلام بھی مدینہ چلے جائیں اور وہاں سے اپنے حامیوں کی فوج لے کر مکہ پر چڑھائی کر دیں۔ یہ خطرہ محسوس کر کے کفارِ مکہ کے بڑے بڑے سرداروں نے "دارُ الندوہ" میں ایک مشورہ کیا۔ کفار کے تمام بڑے بڑے دانشور اس اجتماع میں شریک تھے۔ مختلف تجاویز دی گئیں جن میں سے ابوجہل کی دی گئی تجویز پر سب کا اتفاق ہوا۔ اس کا مشورہ یہ تھا ہر قبیلے سے ایک ایک جوان کو تلوار دی جائے وہ سب ایک ساتھ آپ پر حملہ کر کے مَعَاذَاللہ آپ کو شہید کر دیں۔ تمام قبائل کے لوگ اس میں شریک ہوں گے تو بنو ہاشم کسی سے بھی جنگ نہ کر سکیں گے اور خون بہا لینے پر راضی ہو جائیں گے۔ سب نے اس بات پر اتفاق کیا اور ان کی مجلس ختم ہو گئی۔ حضرت جبریل امین اللہ کریم کا حکم لے کر نازل ہو گئے اور اس واقعے کی خبر دی اور کہا کہ آج رات آپ اپنے بستر پر نہ سوئیں اور ہجرت کر کے مدینہ تشریف لے جائیں۔

ہجرتِ مصطفےٰ

کافروں نے رات کے وقت اپنے طے شدہ منصوبے کے مطابق آپ کے مکانِ عالیشان کو گھیر لیا اور انتظار کرنے لگے کہ آپ سو جائیں تو وہ حملہ آور ہوں۔ اس وقت صرف حضرت علی رضی اللہ عنہ وہاں موجود تھے۔ کافر اگرچہ آپ کے دشمن تھے مگر

انہیں آپ کی امانت و دیانت پر پورا بھروسہ تھا۔ یہی وجہ تھی کہ وہ اپنی امانتیں آپ کے پاس رکھواتے تھے۔ اس وقت بھی کئی امانتیں آپ کے مکانِ عالیشان میں موجود تھیں۔ اللہ کے آخری نبی صلَّی اللہ علیہ واٰلہٖ وسلَّم نے حضرت علی سے فرمایا: تم میری چادر اوڑھ کر میرے بستر پر سو جاؤ! میرے چلے جانے کے بعد یہ تمام امانتیں ان کے مالکوں کو سونپ کر تم بھی مدینہ چلے آنا۔ آپ نے خاک کی ایک مٹھی لی اور اس پر سورۂ یٰس شریف کی ابتدائی کچھ آیات تلاوت فرما کر وہ خاک کفار کی طرف پھینک دی اور اس مجمع میں سے صاف نکل گئے، کسی نے بھی آپ کو نہ پہچانا۔[1] پھر آپ حضرت ابو بکر صدیق رضی اللہ عنہ کے ساتھ غارِ ثور پہنچے اور تین دن اور تین راتیں وہاں قیام فرمایا۔[2] اس کے بعد آپ مدینہ شریف تشریف لے گئے۔

1 المواھب اللدنیۃ، المقصد الاول، ذکر ہجرتہ، 1 / 144 ملخصا
2 بخاری، کتاب مناقب الانصار، باب ہجرۃ النبی۔۔۔ الخ، 2 / 593، حدیث: 3905 ملتقطا

نواں باب

ہجرت
تا
صلحِ حدیبیہ

From migration
till
the Treaty of Hudaybiyyah

مدینے کے والی مدینے میں

اللہ کے آخری نبی صلَّی اللہ علیہ والہٖ وسلَّم کی آمد کی خبر اہلِ مدینہ کو مل چکی تھی اور وہ آپ کے انتظار میں اپنی پلکیں بچھائے ہوئے تھے، مدینہ کی خواتین اور بچوں تک کی زبانوں پر آپ کی آمد کا ذکر ہوتا۔ مکہ شریف سے مدینہ کا فاصلہ عموماً 12 دن میں طے ہوتا تھا، یہ دن تو انہوں نے انتظار کرتے ہوئے گزار دیئے۔ اس کے بعد ان سے رہا نہ گیا اور وہ اپنے شوق کی تکمیل کیلئے بے قرار ہو کر اجتماعی شکل میں اپنے آقا کے استقبال کیلئے مدینہ سے باہر ایک میدان میں جمع ہو جاتے اور جب دھوپ تیز ہو جاتی تو حسرت کے ساتھ اپنے گھروں کو واپس لوٹ جاتے۔ ہر نئے دن ان کا یہی معمول تھا کہ نئے عزم و یقین کے ساتھ آتے اور راستے میں سراپا شوق بن کر استقبال کیلئے کھڑے ہو جاتے۔ ایک دن اپنے معمول کے مطابق اہلِ مدینہ آپ کی راہ دیکھ کر واپس جا چکے تھے۔ اچانک ایک یہودی نے اپنے قلعہ سے دیکھا کہ کچھ افراد کا قافلہ آرہا ہے تو وہ سمجھ گیا اور اس نے زور سے پکار کر کہا: اے مدینہ والو! تم جس کا روزانہ انتظار کرتے تھے وہ کاروانِ رحمت آگیا۔ یہ سن کر تمام انصار بدن پر ہتھیار سجا کر خوشی کے عالم میں اللہ کے آخری نبی صلَّی اللہ علیہ والہٖ وسلَّم کا استقبال کرنے کے لئے اپنے گھروں سے نکل پڑے۔ مدینہ شریف سے تین میل کے فاصلہ پر جہاں آج ”مسجد قبا“ ہے آقا کریم عَلَیْہِ السَّلَام وہاں 12 ربیع الاول کو تشریف لائے اور قبیلۂ عمرو بن عوف وہ خوش بخت قبیلہ تھا جسے سرکارِ دوعالم صلَّی اللہ علیہ والہٖ وسلَّم نے سب سے پہلے اپنی میزبانی کا شرف بخشا۔ اس قبیلے کے ایک سردار حضرت کلثوم بن ہِدْم رضی اللہ عنہ کے مکان میں آپ نے

قیام فرمایا۔ اکثر صحابۂ کرام جو پہلے ہجرت کر کے مدینہ منورہ آئے تھے وہ لوگ بھی اس مکان میں ٹھہرے ہوئے تھے۔ حضرت علی رضی اللہ عنہ بھی قریش کی امانتیں لوٹا کر کچھ دن بعد مکہ سے چل پڑے تھے اور وہ بھی اسی مکان میں قیام فرما ہوئے۔ [1]

مسجدِ قبا کی تعمیر اور جمعہ کی ابتدا

اللہ کے آخری نبی صلَّی اللہ علیہ واٰلہٖ وسلَّم نے قبا شریف میں سب سے پہلا کام یہ فرمایا کہ وہاں مسجد تعمیر فرمائی۔ حضرت کلثوم بن ہدم رضی اللہ عنہ کی ایک ناکارہ زمین تھی جہاں کھجوریں خشک کی جاتی تھیں آپ نے وہ زمین لے کر وہاں مسجد کی بنیاد رکھی۔ یہ مسجد آج بھی "مسجدِ قبا" کے نام سے مشہور ہے۔ [2] دو ہفتوں سے کچھ زائد یہاں رہ کر آپ شہرِ مدینہ کی طرف روانہ ہوئے۔ راستہ میں قبیلۂ بنی سالم کی مسجد میں پہلا جمعہ ادا فرمایا۔ پھر آپ شہرِ مدینہ تشریف لائے۔

مسجدِ قبا

فرمانِ مصطفیٰ

"مسجدِ قُبا میں نماز پڑھنا عمرے کے برابر ہے"

(ترمذی، 1/348، حدیث: 324)

[1] دلائل النبوۃ للبیہقی، باب من استقبل رسول اللہ... الخ، 2/499-500 ملتقطاً و مدارج النبوت، قسم دوم، باب چہارم، 2/63 ملخصاً

[2] وفاء الوفاء، الباب الثالث، الفصل العاشر فی دخول النبی... الخ، 1/250 ملتقطاً

مسجد جمعہ

مدینہ شریف میں قیام

اللہ کے آخری نبی صلَّی اللہ علیہ والہٖ وسلَّم جب قبا سے مدینہ تشریف لائے تو کئی انصاری صحابہ نے عرض کی: ہمارے ہاں قیام فرمائیں۔ مگر آپ ارشاد فرماتے کہ جس جگہ خدا کو منظور ہوگا اسی جگہ میری اونٹنی بیٹھ جائے گی۔ جہاں آج مسجدِ نبوی ہے یہاں پر آپ کی سواری بیٹھی۔ اسی کے قریب حضرت ابو ایوب انصاری رضی اللہ عنہ کا مکان تھا۔ حضرت ابو ایوب انصاری آپ کی اجازت سے آپ کا سامان اپنے گھر لے گئے اور رَسُولُ اللہ صلَّی اللہ علیہ والہٖ وسلَّم نے ان کے گھر قیام فرمایا۔ سات مہینے تک حضرت ابو ایوب انصاری رضی اللہ عنہ نے آپ کی میزبانی کا شرف حاصل کیا۔ جب مسجدِ نبوی اور اس کے آس پاس کے کمرے تیار ہو گئے تو آپ اپنی ازواج کے ساتھ وہاں قیام فرما ہوئے۔

مسجدِ نبوی کی تعمیر

مدینہ شریف میں کوئی ایسی جگہ نہیں تھی جہاں مسلمان باجماعت نماز پڑھ سکیں اس لیے مسجد کی تعمیر وہاں بہت ضروری تھی۔ اللہ کے آخری نبی صلَّی اللہ علیہ والہٖ وسلَّم کی قیام گاہ کے قریب ہی "بنو نجار" کا ایک باغ تھا۔ اس کی زمین اصل میں دو یتیموں کی تھی آپ نے ان دونوں یتیم بچوں کو بلایا، انہوں نے زمین مسجد کے لئے نذر کرنی چاہی مگر اللہ کے آخری نبی صلَّی اللہ علیہ والہٖ وسلَّم نے اسے پسند نہیں فرمایا اور حضرت ابو بکر صدیق رضی اللہ عنہ کے مال سے آپ نے اس کی قیمت ادا فرمائی۔ زمین ہموار کر کے خود آپ نے اپنے دست مبارک سے مسجد کی بنیاد ڈالی اور کچی اینٹوں کی دیوار اور کھجور کے ستونوں پر کھجور کی پتیوں سے چھت بنائی جو بارش میں ٹپکتی تھی اس مسجد کی تعمیر میں صحابہ کرام رضی اللہ عنھم کے ساتھ خود رَسُولُ اللہ صلَّی اللہ علیہ والہٖ وسلَّم بھی اینٹیں اٹھا اٹھا کر لاتے تھے۔[1] یہیں پر اذان کی ابتدا ہوئی۔ شروع میں حضرت بلال حبشی رضی اللہ عنہ مسلمانوں کو نماز کیلئے بلایا کرتے تھے پھر حضرت عبد اللہ بن زید انصاری اور دیگر صحابہ رضی اللہ عنھم نے خواب میں اذان کے الفاظ سنے۔ آپ کے حکم سے حضرت عبد اللہ بن زید نے وہ الفاظ حضرت بلال کو سکھائے اور وہ اذان دینے لگے۔[2] اسی دن سے شرعی اذان کا طریقہ شروع ہوا جو آج تک جاری ہے اور قیامت تک جاری رہے گا۔

1. بخاری، کتاب الصلوٰۃ، باب ھل تنبش قبور مشرکی الجاھلیۃ... الخ، 1/165 حدیث: 428 والمواھب اللدنیۃ، ہجرتہ، 1/156 تا 161 ملتقطاً وملخصاً
2. مواھب اللدنیۃ والزرقانی، باب بدء الأذان، 2/163

مسجد نبوی کی تصاویر

انصار و مہاجر بھائی بھائی

اس وقت تک مدینہ شریف میں مہاجرین کی تعداد 45 یا 50 تھی۔ حال ان کا یہ تھا کہ بے سر و سامانی تھی، اہل و عیال، مال اسباب سب مکہ میں رہ گئے تھے، انصار نے اگرچہ ان کی بڑی مہمان نوازی کی تھی لیکن مہاجرین دیر تک دوسروں کے سہارے زندگی گزارنا پسند نہیں کرتے تھے، اس لیے اللہ کے آخری نبی صلَّی اللہ علیہ واٰلہٖ وسلَّم نے اس کا یہ حل نکالا کہ مہاجرین و انصار کے درمیان رشتہ اخوت قائم کر کے انہیں آپس میں بھائی بھائی بنا دیا جائے تاکہ یہ آپس میں ایک دوسرے کے مددگار بن جائیں۔ چنانچہ مسجد نبوی کی تعمیر کے بعد ایک دن حضور علیہ السلام نے حضرت انس بن مالک رضی اللہ عنہ کے مکان میں انصار و مہاجرین صحابہ کو جمع فرمایا۔ آپ نے انصار کو مخاطب کر کے فرمایا کہ یہ مہاجرین تمہارے بھائی ہیں۔ پھر مہاجرین و انصار میں سے دو دو لوگوں کو بلا کر فرماتے گئے کہ یہ اور تم بھائی بھائی ہو۔ آپ کے ارشاد فرماتے ہی یہ رشتہ اخوت بالکل حقیقی بھائی جیسا رشتہ بن گیا۔ چنانچہ انصار نے اپنے مہاجر بھائیوں کو ساتھ لے جا کر اپنے گھر کی ایک ایک چیز سامنے لا کر رکھ دی اور کہہ دیا کہ آپ ہمارے بھائی ہیں اس لئے ہمارے گھروں کا سامان بھی آدھا آپ کا ہوا اور آدھا ہمارا۔[1]

قبلہ کی تبدیلی

اللہ کے آخری نبی صلَّی اللہ علیہ واٰلہٖ وسلَّم جب تک مکہ میں رہے کعبہ شریف کی طرف منہ کر کے نماز پڑھتے رہے۔ ہجرت کے بعد آپ مدینہ شریف میں حکمِ الٰہی سے سب

[1] بخاری، کتاب مناقب الانصار، باب اخاء النبی... الخ، 2/555 حدیث: 3781 ملخصاً

نمازوں میں "بیت المقدس" کو قبلہ بناتے۔ اسی طرح 16 یا 17 مہینے گزر گئے۔ آپ کے دل میں یہی تمنا تھی کہ کعبہ ہی کو قبلہ بنایا جائے۔ چنانچہ ایک دن اللہ کے آخری نبی صلَّی اللہ علیہ واٰلہٖ وسلَّم قبیلۂ بنی سلمہ کی مسجد میں نمازِ ظہر پڑھا رہے تھے کہ حالت نماز ہی میں یہ وحی نازل ہوئی:

قَدْ نَرٰى تَقَلُّبَ وَجْهِكَ فِي السَّمَآءِ ۚ فَلَنُوَلِّيَنَّكَ قِبْلَةً تَرْضٰىهَا ۠ فَوَلِّ وَجْهَكَ شَطْرَ الْمَسْجِدِ الْحَرَامِ ؕ (پ2، البقرہ:144)

ترجمہ: ہم دیکھ رہے ہیں بار بار تمہارا آسمان کی طرف منہ کرنا تو ضرور ہم تمہیں پھیر دیں گے اس قبلہ کی طرف جس میں تمہاری خوشی ہے ابھی اپنا منہ پھیر دو مسجد حرام کی طرف

مسجد قبلتین

رسولِ کریم صلَّی اللہ علیہ واٰلہٖ وسلَّم نے نماز ہی میں اپنا چہرہ بیتُ المقدس سے پھیر کر خانہ کعبہ کی طرف کر لیا اور تمام مقتدیوں نے بھی آپ کی پیروی کی۔ اس مسجد کو جہاں یہ واقعہ پیش آیا "مسجد قِبلَتَین" کہتے ہیں اور آج بھی یہ مسجد اور اس کے دونوں محراب موجود ہیں۔ یہ مسجد شہر مدینہ سے تقریباً دو کلو میٹر دور شمال مغرب کی طرف واقع ہے۔ اسی واقعے کو "تحویلِ قبلہ" کہتے ہیں۔ تحویلِ قبلہ سے یہودیوں اور منافقین کے گروہ کو بہت تکلیف ہوئی۔ [1]

کافروں کی سازشیں اور مسلمانوں کے اقدامات

مسلمان جب ہجرت کر کے مدینہ آ گئے اب چاہیے تو یہ تھا کہ مکہ کے کفار اب اطمینان سے بیٹھے رہتے مگر ان کا غصہ مزید بڑھ گیا۔ اب یہ لوگ اہلِ مدینہ کے بھی دشمن ہو گئے۔ انصار کے رئیس عبداللہ بن ابی کے پاس انہوں نے خط لکھا کہ تم مسلمانوں کو مدینہ سے نکال دو، یا تم ان کو قتل کر دو ورنہ ہم تم پر حملہ کر کے تمہیں اپنی تلواروں کا مزہ چکھائیں گے۔ [2] اسی طرح قبیلہ اوس کے سردار جب عمرہ کرنے مکہ گئے تو انہیں بھی مکہ کے کافروں نے دھمکیاں دیں۔ کافروں نے صرف دھمکیوں پر بس نہیں کیا بلکہ مدینہ شریف پر حملے کی باقاعدہ تیاریاں شروع کر دیں۔ انہوں نے تمام قبائل میں یہ بات پہنچا دی کہ ہم مدینہ پر حملہ کر کے مسلمانوں کو ختم کر دیں گے۔ ان حالات کی وجہ سے مسلمانوں کو اپنی حفاظت کیلئے کچھ نہ کچھ کرنا ضروری ہو گیا تھا۔ اللہ کے آخری

1 مدارج النبوت، قسم سوم، باب دوم، 2/ 73 ملخصاً

2 سنن ابی داود، کتاب الخراج والفیئ... الخ، باب فی خبر النضیر، 3/ 212 حدیث: 3004

نبی صلَّی اللہ علیہ والہٖ وسلَّم اب تک حکمِ الٰہی کے مطابق صرف دلائل اور نصیحت سے دوسروں کو دین کی دعوت دیتے رہے اور کافروں سے ملنے والی تکلیفوں پر صبر کا مظاہرہ فرماتے۔ لیکن ہجرت کے بعد جب سارا عرب اور یہودی مسلمانوں کے دشمن ہو گئے اور انہیں مٹانے کیلئے طرح طرح سازشیں کرنی شروع کر دیں تو اللہ کریم نے مسلمانوں کو یہ اجازت دی کہ جو لوگ جنگ کی ابتدا کریں تم بھی ان سے جنگ کر سکتے ہو۔

ان حالات میں آقا کریم علیہ السّلام نے دو باتوں کی طرف توجہ فرمائی۔

1 اہلِ مکہ کے جو تجارتی قافلے شام جاتے تھے انہیں روکا جائے اور یہ راستہ بند کیا جائے تاکہ وہ لوگ صلح پر راضی ہوں۔

2 اطراف کے جتنے بھی قبائل ہیں ان سے صلح کے معاہدے کئے جائیں تاکہ کفار مدینہ شریف پر حملہ کی جرأت نہ کر سکیں۔

اسی وجہ سے آپ خود بھی اطراف کے قبائل کی طرف تشریف لے جاتے اور چھوٹے چھوٹے لشکر بھی بھیجتے جو کفارِ مکہ کی نقل و حرکت پر نظر بھی رکھتے اور قبائل سے امن و امان کے معاہدے بھی کرتے۔ اسی سلسلے میں کفارِ مکہ اور ان کے اتحادیوں سے مسلمانوں کا ٹکراؤ شروع ہوا اور چھوٹی بڑی لڑائیوں کا سلسلہ شروع ہوا۔ انہی لڑائیوں کو تاریخِ اسلام میں "غزوات و سرایا" کا نام دیا جاتا ہے۔

غزوہ اور سریّہ کا فرق

وہ جنگی لشکر جس میں اللہ کے آخری نبی صلَّی اللہ علیہ والہٖ وسلَّم بذاتِ خود تشریف

لے جاتے اسے "غَزْوَة" کہتے ہیں۔ جبکہ وہ لشکر جس میں آپ شامل نہیں ہوئے اسے "سَرِيَّة" کہتے ہیں۔ غزوہ کی جمع "غزوات" اور سریہ کی جمع "سرایا" آتی ہے۔ (1)

غزوات و سرایا کی تعداد کے بارے میں اختلاف ہے، امام بخاری کی روایت کے مطابق غزوات کی تعداد 19 ہے۔ ان میں سے صرف 9 ایسی غزوات ہیں جن میں جنگ کی نوبت پیش آئی جبکہ اکثر ایسی تھیں جن میں لڑائی کی ضرورت ہی نہ ہوئی۔ (2) جبکہ سرایا کی تعداد 47 یا 56 ہے۔ (3)

غزوۂ بدر کے اسباب

مسلمانوں کی کافروں کے ساتھ جو پہلی سب سے بڑی جنگ ہوئی اسے "غزوۂ بدر" کہتے ہیں۔ بدر (4) مدینہ شریف سے کچھ فاصلے پر ایک گاؤں کا نام ہے۔ وہاں ایک کنواں تھا جس کے مالک کا نام بدر تھا۔ اسی وجہ سے اس جگہ کا نام بدر مشہور ہو گیا۔ (5) غزوۂ بدر سے پہلے بھی مسلمانوں اور کافروں کی چھوٹی موٹی کچھ لڑائیاں ہوئیں تھیں۔ ایک دفعہ کافروں کی ایک ٹولی نے تو مدینہ شریف کی چراگاہوں میں آکر بھی لوٹ مار مچائی۔ جبکہ ایک لڑائی میں ایک کافر بھی مارا گیا۔ اس کی موت سے مکہ کے کفار آپے سے باہر ہونے لگے۔ انہی کے ردِعمل کی وجہ سے جنگِ بدر کا معرکہ پیش آیا۔ جنگ بدر کا ایک سبب یہ بھی بنا کہ مدینہ

(1) مدارج النبوت، قسم سوم، باب دوم، 2/76

(2) بخاری، کتاب المغازی، باب غزوۃ العشیرۃ...الخ، 3/3، حدیث: 3949

(3) شرح الزرقانی علی المواھب، کتاب المغازی، 2/221

(4) شہرِ مدینہ سے بدر شریف 113 کلو میٹر دور ہے جبکہ بائی روڈ یہ مسافت تقریباً 152 کلو میٹر ہے۔

(5) شرح الزرقانی علی المواھب، باب غزوۃ بدر الکبریٰ، 2/255

شریف میں یہ خبر پہنچی کہ کافروں کا ایک بڑا قافلہ ملکِ شام سے واپس مکہ جانے والا ہے۔ اس قافلے میں کافروں کے بڑے بڑے سردار بھی شریک ہیں اور مالِ تجارت بھی خوب ہے۔ اللہ کے آخری نبی صلّی اللہ علیہ واٰلہٖ وسلّم نے فرمایا کہ کافروں کی ٹولیاں ہماری تلاش میں بھی رہتی ہیں اور ان کی ایک ٹولی تو شہرِ مدینہ میں ڈاکہ ڈال کر گئی ہے لٰہذا کیوں نہ ہم قریش کے اس قافلے پر حملہ کر دیں۔ اس طرح ان کی شامی تجارت کا راستہ رک جائے گا اور وہ مجبور ہو کر ہم سے صلح کر لیں گے۔ آپ کی یہ تجویز سن کر مہاجرین و انصار سب تیار ہو گئے۔ چنانچہ آپ 12 رمضان 2 ہجری کو بنا کسی خاص بڑی جنگی تیاری کے چل پڑے، جو جس حال میں تھا اسی حال میں روانہ ہو گیا۔ اس لشکر میں مسلمانوں کے ساتھ نہ زیادہ ہتھیار تھے، نہ فوجی راشن کی کوئی بڑی مقدار تھی کیونکہ کسی کو گمان بھی نہ تھا کہ اس سفر میں کوئی بڑی جنگ ہو گی۔

اہلِ مکہ کو جب خبر پہنچی کہ مسلمان مدینہ سے نکل چکے ہیں تو انہوں نے بھی جنگ کیلئے تیاری شروع کر دی۔ جب آپ کو اس کی اطلاع ملی تو آپ نے صحابۂ کرام عَلَیۡہِمُ الرِّضۡوَان سے مشورہ فرمایا اور انہیں بتا دیا کہ ممکن ہے اس سفر میں جنگ کی نوبت آ جائے۔ مہاجرین و انصار دونوں نے آپ کی اطاعت اور حفاظت کے عزم کا اظہار کیا۔ مدینہ شریف سے ایک میل دور آپ نے لشکر کا جائزہ لیا اور چھوٹے بچوں کو واپس جانے کا حکم فرمایا۔ کچھ ضروری اقدامات فرما کر آپ بدر کے میدان کی طرف چل پڑے جہاں سے کفارِ مکہ کے آنے کی خبر تھی۔ اب کُل فوج کی تعداد 313 تھی۔ جن میں 60 مہاجر باقی انصار تھے۔ ادھر ابو سفیان کو بھی مسلمانوں کے نکلنے کی خبر مل گئی تو اس نے

دو کام کیئے۔ ایک تو اس نے فوراً ایک شخص کو مکہ بھیجا کہ وہ قریش کو اس کی خبر کر دے تاکہ وہ اپنے قافلہ کی حفاظت کا انتظام کریں اور خود راستہ بدل کر قافلہ کو سمندر کی جانب لے کر روانہ ہو گیا۔[1] ابو سفیان کا پیغام پہنچتے ہی قریش اپنے گھروں سے نکل پڑے۔

جنگِ بدر کا نقشہ

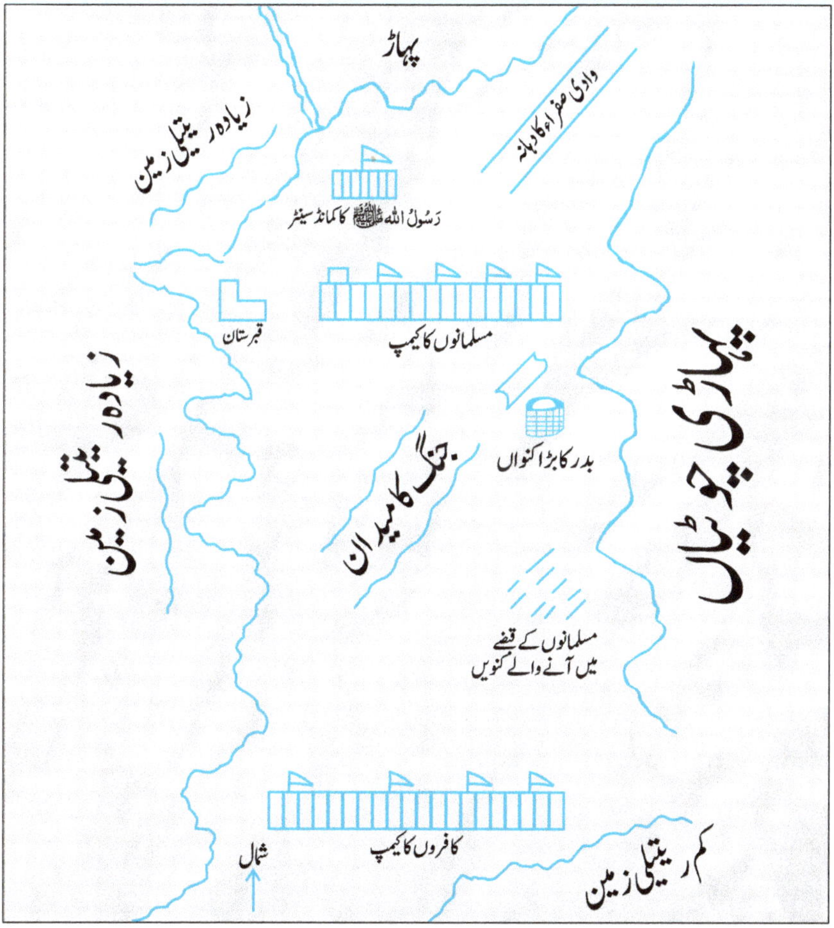

[1] شرح الزرقانی علی المواهب، باب غزوۃ بدر الکبریٰ، 2/263

قریشی سردار ایک ہزار کی تعداد کا ایسا لشکر لے کر نکلے جس کا ہر سپاہی مُسَلّح تھا۔ فوج کی خوراک کا یہ انتظام تھا کہ قریش کے مالدار لوگ باری باری روزانہ دس دس اونٹ ذبح کرتے تھے اور پورے لشکر کو کھلاتے تھے۔ عتبہ بن ربیعہ جو قریش کا سب سے بڑا رئیس تھا اس پورے لشکر کا سپہ سالار تھا۔ راستے میں انہیں ابوسفیان نے خبر بھیجی کہ ہم نے اپنا قافلہ محفوظ کر لیا ہے لہٰذا باقی لوگ واپس چلیں جائیں۔ اب لڑنے کی ضرورت نہیں ہے۔ قریش کے بعض لوگ واپس جانے پر راضی ہو گئے لیکن کچھ نے جنگ کرنے پر اصرار کیا اور بعض قبائل کو اس پر راضی کر لیا۔

کفارانِ قریش مسلمانوں سے پہلے بدر کے میدان میں پہنچ گئے اور بہترین و مناسب جگہوں پر قبضہ کر لیا۔ جبکہ مسلمانوں کو جنگی اعتبار سے بہتر جگہ نہ مل سکی۔ خدا کی شان کہ اس دوران بارش ہو گئی جس سے میدان کی گرد اور ریت جم گئی جس پر مسلمانوں کے لئے چلنا پھرنا آسان ہو گیا اور کفار کی زمین پر کیچڑ ہو گئی جس سے ان کو چلنے پھرنے میں مشکل ہو گئی۔

بدر میں واقع مسجد عریش

جنگِ بدر میں کون کہاں مرے گا؟

اللہ کے آخری نبی صلَّی اللہ علیہ واٰلہٖ وسلَّم اپنے چند جاں نثاروں کے ساتھ رات کے وقت میدانِ جنگ کا معائنہ کرنے کیلئے تشریف لائے اور چھڑی سے زمین پر لکیریں بناتے جاتے اور فرماتے جاتے کہ فلاں کافر اس جگہ قتل ہو گا، فلاں کی لاش یہاں ہو گی۔ چنانچہ ایسا ہی ہوا، جس جگہ آپ نے فرمایا تھا ہر کافر کی لاش اسی جگہ پائی گئی۔

غزوۂ بدر کا واقعہ و نتائج

17 رمضان 2 ہجری مطابق 13 مارچ 624 عیسوی کو جمعہ کے دن آپ نے مجاہدین کو صف بندی کا حکم دیا۔ جنگ کی ابتدا ہوئی مگر اس بے سرو سامانی کے باوجود صحابۂ کرام علیہمُ الرِّضوان نے شجاعت اور جانبازی کے جوہر دکھائے۔ اسی غزوہ میں ابو جہل کو دو کم عمر صحابہ حضرت معاذ اور حضرت معوذ رضی اللہ عنہما نے جہنم واصل کیا۔ میدانِ جنگ میں کافروں کے بڑے بڑے سرداروں جیسے ابو جہل، عتبہ، شیبہ وغیرہ کی ہلاکت سے کفارانِ مکہ کی کمر ٹوٹ گئی۔ انہوں نے حوصلہ ہار دیا، ان کے پاؤں اکھڑ گئے اور وہ ہتھیار ڈال کر بھاگ کھڑے ہوئے۔ مسلمانوں نے کافروں کو گرفتار کرنا شروع کر دیا۔ اس جنگ میں کفار کے 70 آدمی قتل ہوئے اور اتنے ہی قیدی بنے۔ ابو سفیان کا قافلہ تو بچ نکلا مگر مسلمانوں نے اس جنگ میں شاندار کامیابی حاصل کی، جس سے مسلمانوں کی شان و شوکت میں اضافہ ہوا، اس جنگ میں شکست کی وجہ سے کفارِ مکہ کی ساری عزت خاک میں مل گئی، ان کی جنگی طاقت فنا ہو گئی اور ان کے بڑے بڑے سردار مارے گئے۔

فتح کے بعد تین دن تک آپ نے بدر ہی میں قیام فرمایا اس کے بعد قیدیوں اور اموالِ غنیمت کے ساتھ مدینہ شریف کی طرف روانہ ہوئے۔

شہدائے بدر

جنگِ بدر میں کل 14 مسلمانوں نے جامِ شہادت نوش فرمایا۔ ان میں چھ مہاجر اور آٹھ انصار تھے۔ 13 صحابۂ کرام علیہمُ الرِّضوان تو میدانِ بدر ہی میں مدفون ہوئے جبکہ ایک صحابی حضرت عبیدہ بن حارث رضی اللہ عنہ کا وصال راستے میں ہوا اور آپ کا مزار شریف "صفرا" کے مقام پر ہے۔ (1) اسی مقام پر آپ نے مالِ غنیمت مجاہدین میں تقسیم فرمایا۔ وہ صحابۂ کرام علیہمُ الرِّضوان جو غزوۂ بدر میں شریک ہوئے وہ خصوصی شرف اور مرتبے کے مالک ہیں۔ ان تمام کے بڑے فضائل ہیں جن میں سے ایک فضیلت یہ بھی ہے کہ اللہ کے آخری نبی صلَّی اللہ علیہ واٰلہٖ وسلَّم کا فرمان ہے: بے شک اللہ پاک اہلِ بدر سے واقف ہے اور اس نے یہ فرمادیا ہے کہ تم اب جو عمل چاہو کرو بلاشبہ تمہارے لیے جنت واجب ہو چکی ہے یا (یہ فرمایا) کہ میں نے تمہیں بخش دیا ہے۔ (2)

قیدیوں کا انجام

اللہ کے آخری نبی صلَّی اللہ علیہ واٰلہٖ وسلَّم نے بدر کے قیدیوں کو صحابۂ کرام میں تقسیم فرمادیا کہ وہ ان کے آرام اور ضروریات کا خیال رکھیں۔ ان قیدیوں کے بارے میں مشاورت کے بعد یہ فیصلہ ہوا کہ ان قیدیوں سے چار چار ہزار درہم فدیہ لے کر ان

(1) شرح الزرقانی علی المواھب، غزوۃ بدر الکبریٰ، 2/ 325-328 ملخصاً وملتقطاً
(2) بخاری، کتاب المغازی، باب فضل من شھد بدراً، 3/ 12 حدیث: 3983

لوگوں کو چھوڑ دیا جائے۔ جو لوگ مُفلِسی کی وجہ سے فِدیہ نہیں دے سکتے تھے وہ یوں ہی بلا فدیہ چھوڑ دیئے گئے۔ ان قیدیوں میں جو لوگ لکھنا جانتے تھے ان میں سے ہر ایک کا فدیہ یہ تھا کہ وہ انصار کے دس لڑکوں کو لکھنا سکھا دیں۔

غزوہ احد کے اسباب اور لشکروں کی تعداد

جنگ بدر سے جاتے ہی کافروں نے بدلہ لینے کیلئے اگلی جنگ کی تیاری شروع کر دی تھی۔ پورا ایک سال انہوں نے جنگ کی تیاری کی۔ ہجرتِ نبوی کے تیسرے سال شوال کے مہینے میں کفارانِ قریش پوری تیاری کر کے ایک بڑا اور ہر لحاظ سے مضبوط لشکر لے کر جنگ کے ارادے سے نکلے۔ ابو سفیان (جو اس وقت تک ایمان نہیں لائے تھے وہ) اس لشکر کے سپہ سالار بنے۔ رسولِ کریم صلَّی اللہ علیہ واٰلہٖ وسلّم کے چچا حضرت عباس رضی اللہ عنہ جو خفیہ طور پر ایمان قبول کر چکے تھے اور مکہ میں رہتے تھے انہوں نے ایک خط لکھ کر کافروں کے لشکر کی خبر دی۔[1]

جب آپ نے تحقیقات کروائیں تو معلوم ہوا کہ کافروں کا لشکر مدینہ کے بہت قریب آ چکا ہے۔ اس صورتحال میں آپ نے صحابۂ کرام علیہمُ الرِّضوان سے مشورہ فرمایا۔ بزرگ صحابہ نے یہ رائے دی کہ شہر کے اندر رہ کر دشمنوں کا مقابلہ کیا جائے لیکن نوجوان میدان میں نکل کر لڑنا چاہتے تھے۔ آپ نے یہ رائے سن کر ہتھیار سجائے اور باہر تشریف لائے۔ اتنے میں تمام لوگ شہر کے اندر رہ کر ہی کافروں سے جنگ لڑنے پر متفق ہو گئے۔ مگر آپ نے فرمایا کہ اللہ کے نبی کیلئے یہ مناسب نہیں ہے کہ وہ ہتھیار

[1] کتاب المغازی للواقدی، غزوۃ احد، 1 / 203

پہن کر اتار دے یہاں تک کہ اللہ پاک اس کے اور اس کے دشمنوں کے درمیان فیصلہ فرمادے۔ لہٰذا اب نامِ خدا لے کر میدان میں نکل پڑو۔ آپ اس جنگ میں ایک ہزار کی فوج لے کر مدینہ سے باہر نکلے۔ راستے میں عبد اللہ بن اُبَی منافق بہانے سے اپنے 300 لوگوں کو لے کر اسلامی لشکر سے الگ ہو گیا۔ اب اسلامی لشکر کی تعداد 700 ہو گئی۔ آپ نے لشکر کا معائنہ فرمایا اور کم عمر صحابہ کو واپس لوٹا دیا۔ [1]

جبلِ احد

جنگِ اُحُد کا نقشہ

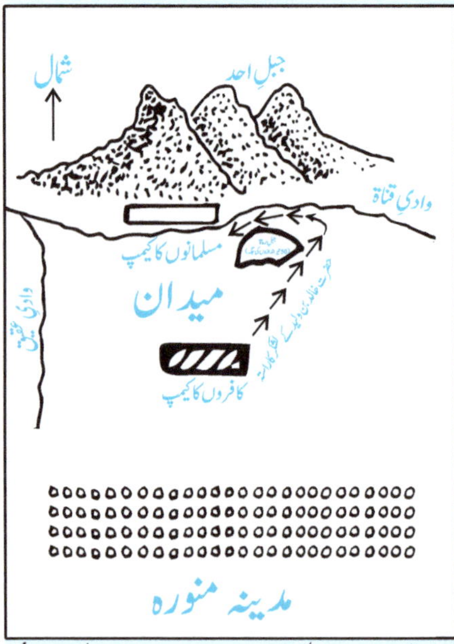

جبلِ احد مدینہ منورہ کے جانبِ شمال ایک پہاڑی سلسلہ ہے جو تقریباً 6 سے 7 کلو میٹر تک پھیلا ہوا ہے، اس کی چوڑائی 2 سے 3 کلو میٹر اور اونچائی 350 میٹر ہے۔ یہ مسجدِ نبوی سے تقریباً 5 کلو میٹر دور ہے۔ حدیث کے مطابق یہ جنتی پہاڑ ہے اور رسولِ خدا عَلَیْہِ السَّلَام سے محبت کرتا ہے سرکار عَلَیْہِ السَّلَام بھی اس سے محبت فرماتے ہیں۔ اسی کے دامن میں (ایک روایت کے مطابق) 17 شوال 3 ہجری مطابق 23 مارچ 625 عیسوی کو معرکہ اُحُد پیش آیا۔

[1] شرح الزرقانی علی المواہب، باب غزوۃ احد، 2/394 تا 419 ملتقطاً و ملخصاً

لشکروں کا آمنا سامنا

مشرکین 12شوال کو ہی مدینہ شریف کے قریب اُحد پہاڑ پر پڑاؤ ڈال چکے تھے۔ اللہ کے آخری نبی صلَّی اللہ علیہ و اٰلہٖ وسلَّم جمعہ کے دن 14 شوال کو مدینہ سے روانہ ہوئے اور 15 شوال کو ہفتے کے دن فجر کے وقت احد پہنچے۔ نمازِ فجر کے بعد آپ نے صف بندی فرمائی۔ صف بندی کے وقت آپ نے اپنی پشت پر اُحد پہاڑ کو رکھا۔ لشکر کے پیچھے پہاڑ میں ایک درہ یعنی تنگ راستہ تھا جس میں سے گزر کر کفارِ قریش مسلمانوں کی صفوں پر پیچھے سے حملہ آور ہوسکتے تھے۔اس لیے آقا کریم صلَّی اللہ علیہ و اٰلہٖ وسلَّم نے اس درہ کی حفاظت کیلئے 50 تیر اندازوں کا ایک دستہ مقرر فرمایا۔ حضرت عبداللہ بن جبیر رضی اللہ عنہ کو اس دستے کا افسر بنادیا اور یہ حکم دیا کہ ہماری شکست ہو یا فتح مگر تم لوگ اپنی اس جگہ کو مت چھوڑنا۔

جنگ کا معرکہ

جب جنگ کا آغاز ہوا اور مسلمانوں نے شجاعت و بہادری کے ایسے ایسے جوہر دکھائے کہ کفار شکست کھاتے ہوئے بھاگ کھڑے ہوئے۔ اسی دوران ایک غلطی سے جنگ کا نقشہ بدل گیا۔ وہ تیر انداز جنہیں پہاڑی پر مقرر کیا گیا تھا جب انہوں نے دیکھا کہ جیت مل چکی ہے تو وہ بھی دیگر صحابہ کے ساتھ مالِ غنیمت جمع کرنے آگئے۔ ان کے سربراہ نے روکا لیکن انہوں نے سوچا کہ اب تو جنگ ختم ہوچکی اب رکنے کا کیا فائدہ؟ حضرت خالد بن ولید جو اس وقت تک ایمان نہیں لائے تھے انہوں نے جب وہ دَرّہ پہرہ داروں سے خالی دیکھا تو پیچھے سے حملہ کر دیا۔ حضرت عبداللہ بن جبیر رضی اللہ عنہ

نے اس دَرّہ پر چند صحابہ کے ساتھ انتہائی دلیرانہ مقابلہ کیا مگر یہ سب کے سب شہید ہو گئے۔ جنگ کا نقشہ بدلتا ہوا دیکھ کر بھاگتی ہوئی کفارِ قریش کی فوج بھی پلٹ پڑی۔ اس اچانک حملے سے پورا منظر تبدیل ہو گیا۔ [1]

غزوۂ احد کے کچھ واقعات

جنگ کے دوران ایک کافر نے آپ کے چہرۂ انور پر تلوار ماری جس سے خود کے کچھ ٹکڑے آپ کے مبارک چہرہ میں چبھ گئے۔ پتھر لگنے کی وجہ سے آپ کے مبارک دانتوں کے کچھ کنارے بھی شہید ہوئے۔ اور نیچے کا مقدس ہونٹ بھی زخمی ہو گیا۔ کافروں نے اللہ کے آخری نبی صلَّی اللہ علیہ واٰلہٖ وسلَّم کو شہید کرنے کی پوری کوشش کی لیکن اپنے ناپاک مقصد کو پورا نہ کر سکے۔ بعد میں صحابۂ کرام علیہمُ الرِّضوان نے بڑھ چڑھ کر آقا کریم صلَّی اللہ علیہ واٰلہٖ وسلَّم کی حفاظت کی۔ جب جنگ ختم ہوئی تو کافر وہاں سے چلے گئے جبکہ مسلمانوں نے اپنے شہدا کی تلاش شروع کر دی اور شہدا کو دیکھ کر مسلمان بڑے پریشان ہوئے۔ اس غزوہ میں شہدا کی تعداد 70 تھی۔ جن میں سے چار مہاجر جبکہ 66 انصاری صحابہ شامل تھے۔ ان تمام شہدا کو احد پہاڑ کے دامن میں دفن کیا گیا۔ دو دو شہید ایک ایک قبر میں دفن کئے جاتے۔ اس جنگ میں تیس کافر بھی مارے گئے۔ [2]

واقعۂ رجیع

ہجرت کے چوتھے سال یہ دردناک واقعہ پیش آیا۔ قبیلہ عَضَل وَقارہ کے چند

[1] الاکتفاء، ذکر مغازی الرسول، غزوۃ احد، 1/ 377

[2] شرح الزرقانی علی المواھب، باب غزوۃ احد، 2/ 419 ملتقطاً وملخصاً و مدارج النبوت، قسم سوم، باب چہارم، 2/ 133 مفہوماً

آدمی اللہ کے آخری نبی صلَّی اللہ علیہ واٰلہٖ وسلَّم کی بارگاہ میں حاضر ہوئے اور عرض کیا: ہمارے قبیلے نے اسلام قبول کرلیا ہے آپ کچھ صحابۂ کرام علیہمُ الرِّضوان کو بھیج دیں جو انہیں اسلام سکھائیں۔ آپ نے دس صحابۂ کرام علیہمُ الرِّضوان کی ایک جماعت کو ان کے ساتھ کردیا۔ جب یہ قافلہ رجیع [1] کے مقام پر پہنچا تو کافروں نے دھوکے بازی کرڈالی۔ اور دھوکے سے ان میں سے آٹھ مسلمانوں کو شہید کرڈالا جبکہ دو کو کفار نے مکہ لے جا کر فروخت کرڈالا۔ [2]

واقعۂ بئرمعونہ

ماہِ صفر 4ہجری میں "بیر معونہ" کا مشہور واقعہ پیش آیا۔ عامر بن مالک جو بہادری میں مشہور تھا وہ اللہ کے آخری نبی صلَّی اللہ علیہ واٰلہٖ وسلَّم کی خدمت میں حاضر ہوا۔ آپ نے اس کو اسلام کی دعوت دی، نہ تو اس نے قبول کی اور نہ ہی نفرت کا اظہار کیا۔ بلکہ اپنے ساتھ چند منتخب صحابہ کو بھیجنے کی درخواست کی۔ آپ نے فرمایا کہ مجھے نجد کے کافروں کی طرف سے خطرہ ہے۔ اس نے کہا کہ میں آپ کے اصحاب کی جان و مال کی حفاظت کا ضامن ہوں۔ آپ نے 70 صحابہ کو بھیج دیا۔

جب یہ صحابہ مقامِ بئرمعونہ پر پہنچے تو ان کے قافلہ سالار آپ کا خط لے کر عامر بن طفیل کے پاس گئے جو عامر بن مالک کا بھتیجا تھا۔ اس نے انہیں بھی دھوکے سے شہید کروادیا اور قریب کے قبائل کو ملا کر ان صحابۂ کرام علیہمُ الرِّضوان پر حملہ کردیا۔ صرف ایک صحابی

[1] عسفان اور مکہ کے درمیان ایک جگہ کا نام رجیع ہے۔ عسفان مدینہ سے 380 اور مکہ سے 93 کلومیٹر دور ہے۔
[2] مدارج النبوت، قسم سوم، باب چہارم، 2/138 ملتقطاً

حضرت عمرو بن امیہ کو انہوں نے چھوڑ دیا باقی تمام صحابۂ کرام علیہمُ الرِّضوان کو شہید کر دیا۔ انہوں نے مدینہ پہنچ کر جب یہ تمام واقعہ اللہ کے آخری نبی صلَّی اللہ علیہ واٰلہٖ وسلَّم کو سنایا تو آپ کو شدید صدمہ ہوا۔

غزوۂ بنو نضیر

حضرت عمرو بن امیہ رضی اللہ عنہ نے مقامِ بئرِ معونہ سے واپسی پر دو ایسے کافروں کو قتل کر دیا تھا جنہیں اللہ کے آخری نبی صلَّی اللہ علیہ واٰلہٖ وسلَّم پناہ دے چکے تھے۔ یہ سمجھے کہ انہوں نے بئرِ معونہ پر شہید ہونے والے صحابۂ کرام علیہمُ الرِّضوان کا بدلہ لے لیا ہے لیکن بعد میں انہیں حقیقت معلوم ہوئی۔ رسولِ کریم صَلَّی اللّٰہُ عَلَیْہِ واٰلِہٖ وَسَلَّمَ نے ان دو کافروں کا خون بہا دینے کا اعلان فرمایا۔ اسی بارے میں گفتگو کرنے آپ قبیلہ بنو نضیر کے یہودیوں کے پاس تشریف لے گئے کیونکہ آپ کا معاہدہ انہی سے تھا۔ انہوں نے بظاہر بڑے اخلاق کا مظاہرہ کیا مگر یہ چال چلی کہ اللہ کے آخری نبی صلَّی اللہ علیہ واٰلہٖ وسلَّم کو صحابۂ کرام کے ساتھ ایک دیوار کے نیچے بڑے احترام سے بٹھایا اور ایک شخص کو اوپر بھیجا کہ وہ اوپر سے ایک وزنی پتھر ان پر گرا دے تاکہ یہ سب شہید ہو جائیں۔ اللہ کریم نے آپ کو اس منصوبے کی خبر دی، آپ فوراً وہاں سے چپ چاپ اٹھے اور صحابہ کے ہمراہ واپس چلے آئے اور مدینہ شریف تشریف لا کر یہودیوں کی اس سازش کے بارے میں صحابۂ کرام کو بتایا۔ انصار و مہاجرین سے مشورے کے بعد آپ نے ان یہودیوں کو پیغام بھجوایا کہ تم نے سازش کر کے معاہدہ توڑ دیا، اس لیے اب دس دن کے اندر مدینہ شریف سے نکل جاؤ۔ انہوں نے اس بات سے انکار کیا تو آپ لشکر لے کر نکلے اور

یہودیوں کے قلعے کا محاصرہ کرلیا۔ یہ محاصرہ 15 دن تک رہا۔ اس دوران آپ نے قلعے کے آس پاس کے کچھ درختوں کو بھی کٹوادیا تاکہ ان میں چھپ کر یہودی نقصان نہ پہنچا سکیں۔ تنگ آکر وہ یہودی اس بات پر تیار ہوگئے کہ وہ اپنا مکان اور قلعہ چھوڑ دیتے ہیں۔ لیکن اپنا جتنا سامان اونٹوں پر لاد کر لے جاسکتے ہیں وہ لے جائیں گے۔ آپ نے ان کی یہ شرط منظور فرمائی اور سوائے دو افراد کے جو مسلمان ہوگئے تھے بنو نضیر کے سب یہودی 600 اونٹوں پر اپنا مال و سامان لاد کر ایک جلوس کی شکل میں گاتے بجاتے مدینہ سے نکلے اور کچھ تو خیبر میں جبکہ کچھ ملک شام میں جاکر آباد ہوگئے۔ [1]

غزوۂ بنو مصطلق و واقعۂ افک

شہر مدینہ سے کافی دور قبیلۂ خزاعہ کا ایک خاندان "بنو مُصطلق [2]" آباد تھا۔ ماہِ شعبان سن 5 ہجری میں اس قبیلے کے سردار نے مدینہ شریف پر چڑھائی کا ارادہ کیا تو آپ لشکر لے کر اس کے مقابلے کیلئے نکلے۔ جب ان لوگوں کو آپ کی آمد کی خبر ہوئی تو ان کا سردار ڈر کر بھاگ گیا، قبیلہ کے دوسرے لوگوں نے مقابلہ کرنے کی کوشش کی مگر جب مسلمانوں نے ایک ساتھ مل کر حملہ کیا تو دس کافر مارے گئے۔ ایک مسلمان نے جامِ شہادت نوش کیا۔ جبکہ کثیر مالِ غنیمت ہاتھ آیا۔ اسی غزوہ میں قیدیوں کے ساتھ ام المومنین جویریہ بنت حارث بھی تھیں جنہیں حضور اکرم صلَّی اللہ علیہ واٰلہٖ وسلَّم نے اپنی زوجیت میں قبول فرمایا اور مسلمانوں نے اس خوشی میں تمام قیدیوں کو رہا کردیا۔

1 شرح الزرقانی علی المواھب، بئر معونۃ وحدیث بنی النضیر، 2/497-520 ملتقطاً و ملخصاً

2 اب مدینہ شریف سے اس جگہ کا فاصلہ تقریباً 261 کلومیٹر ہے۔

اسی غزوہ سے جب آپ واپس آنے لگے تو ایک مقام پر حضرتِ عائشہ صدیقہ رضی اللہ عنہا کسی سبب پیچھے رہ گئیں۔ بعد میں اللہ کے آخری نبی صلَّی اللہ علیہ واٰلہٖ وسلَّم سے آکر مل گئیں۔ اس کو بنیاد بنا کر منافقین نے معاذاللہ حضرت عائشہ رضی اللہ عنہا پر بہتان لگائے اور اللہ پاک نے خود قرآنِ کریم کی سورۂ نور کی آیت نمبر 11 تا 20 میں حضرت عائشہ صدیقہ رضی اللہ عنہا کی پاکی بیان کی اور منافقین کے بہتانوں کو جھوٹ قرار دیا۔

غزوۂ خندق اور اس کا سبب

سن 5 ہجری میں غزوۂ خندق کا واقعہ پیش آیا۔ اللہ کے آخری نبی صلَّی اللہ علیہ واٰلہٖ وسلَّم نے بنو نضیر کے یہودیوں کو معاہدوں کی خلاف ورزی کی بنا پر مدینہ پاک سے نکال دیا تھا۔ ان میں سے کچھ خیبر جا کر آباد ہو گئے تھے۔ وہاں جا کر خیبر کے یہودیوں کو ساتھ ملا کر انہوں نے عرب کے مشرکین کو آپ کے خلاف جنگ پر ابھارا اور ہر طرح کی امداد کا یقین دلایا۔ تمام کفارِ عرب نے اتحاد کر کے مسلمانوں سے جنگ لڑنے کا ارادہ کر لیا اسی وجہ سے اسے غزوۂ احزاب (تمام جماعتوں کی جنگ) بھی کہتے ہیں۔ دشمن کی تعداد 10 ہزار تھی، اس لیے حضرت سلمان فارسی رضی اللہ عنہ نے یہ مشورہ دیا کہ مناسب یہ ہے کہ شہر کے اندر رہ کر دفاع کیا جائے۔ جس طرف سے کافروں کے حملے کا خطرہ ہے اس طرف ایک خندق کھود لی جائے۔ مدینہ کے تین طرف چونکہ مکانات کی تنگ گلیاں اور کھجوروں کے جھنڈ تھے اس لئے ان تینوں جانب سے حملہ کا امکان نہیں تھا۔ صرف ایک طرف کا علاقہ تھا جو کھلا ہوا تھا لہٰذا یہ طے ہوا کہ اسی طرف گہری خندق کھودی جائے۔ چنانچہ 8 ذوالقعدہ سن 5 ہجری کو اللہ کے آخری نبی صلَّی اللہ علیہ واٰلہٖ وسلَّم تین ہزار صحابہ کرام

رضی اللہ عنہم کو ساتھ لے کر خندق کھودنے میں مصروف ہو گئے۔ آپ نے خود اپنے مبارک ہاتھوں سے خندق کی حد بندی فرمائی اور دس دس آدمیوں پر دس دس گز زمین تقسیم فرما دی۔ تقریباً بیس دن میں یہ خندق تیار ہو گئی۔ خندق 300 میٹر لمبی اور 9 میٹر چوڑی تھی جبکہ خندق کی گہرائی 5 میٹر تھی۔

جنگ خندق کا نقشہ

اس زمانے میں خندق کا جنگ میں استعمال اہلِ عرب کے لئے ایک نیا تجربہ ثابت ہوا اور اس غزوہ میں کامیابی کے اسباب میں سے ایک سبب یہ خندق بنی۔ کافروں کا لشکر جب آگے بڑھا تو سامنے خندق دیکھ کر کافر حیران رہ گئے۔ انہوں نے مدینہ شریف کا محاصرہ کر لیا اور تقریباً ایک مہینے تک گھیر اڈالے رہے۔ یہ محاصرہ اس سختی کے ساتھ قائم رہا کہ اللہ کے آخری نبی صلَّی اللہ علیہ واٰلہٖ وسلَّم اور صحابۂ کرام علیہمُ الرِّضوان نے کئی کئی فاقے کئے۔

چند کافروں نے ایک جگہ سے خندق پار کر لی مگر جب ان کے بڑے بڑے لڑاکے قتل کر دیئے گئے تو باقی واپس بھاگ گئے۔ اس جنگ میں مسلمانوں میں سے چھ افراد نے جامِ شہادت نوش کیا۔ ابوسفیان جو اس وقت کافروں کے لشکر کے سالار تھے، شدید سردی، طویل محاصرے اور فوج کے راشن کے ختم ہو جانے سے تنگ آ گئے۔ ایسے میں اللہ پاک نے ان پر ایسی آندھی مسلط فرما دی جن سے کافروں کے لشکر کی دیگیں الٹ پلٹ ہو گئیں، خیمے اکھڑ گئے۔ اَلْغَرَض! ایسی صورتحال پیش آئی کہ کافروں کے پاس سوائے بھاگنے کے اور کوئی راستہ نہ بچا۔

غزوۂ بنی قریظہ

غزوۂ خندق کے دوران ہی بنو قریظہ نے معاہدہ توڑ کر کافروں کا ساتھ دیا۔ اس کی سزا دینے کیلئے آپ غزوۂ خندق کے فوراً بعد بنو قریظہ کی طرف لشکر لے کر روانہ ہوئے۔ 25 دن کے محاصرے کے بعد انہوں نے ہتھیار ڈال دیئے اور کہا کہ حضرت سعد بن معاذ رضی اللہ عنہ ان کے بارے میں جو فیصلہ کریں گے وہ یہ تسلیم کریں گے۔ حضرت سعد کے فیصلے

کے مطابق ان کے لڑنے والوں کو قتل کر دیا گیا، خواتین اور بچوں کو قیدی بنالیا گیا اور ان کے اموال کو مجاہدین میں تقسیم کر دیا گیا۔ یاد رہے کہ بنو قریظہ نے خود ہی حضرت سعد بن معاذ کو بطور ثالث منتخب کیا تھا اور پھر ان کے فیصلے پر عملدرآمد ہوا، جبکہ حضرت سعد کا فیصلہ بنو قریظہ کی مذہبی تعلیمات کی روشنی میں تھا۔

عمرہ کا ارادہ اور عجیب معجزہ

ہجرت کے چھٹے (6th) سال ذوالقعدہ کے مہینے میں اللہ کے آخری نبی صلَّی اللہ علیہ واٰلہٖ وسلَّم 1400 صحابۂ کرام علیہمُ الرِّضوان کے ساتھ عمرہ کا احرام باندھ کر مکہ کے لئے روانہ ہوئے۔ آپ کو اندیشہ تھا کہ کفارِ مکہ ہمیں عمرہ ادا کرنے سے روکیں گے اس لئے آپ نے پہلے ہی قبیلۂ خُزاعہ کے ایک شخص کو مکہ بھیج دیا تھا تاکہ وہ کفارِ مکہ کے ارادوں کی خبر لائے۔ جب آپ کا قافلہ مقام "عسفان" کے قریب پہنچا تو وہ شخص یہ خبر لے کر آیا کہ کفارِ مکہ نے تمام قبائل عرب کے کافروں کو جمع کر کے یہ کہہ دیا ہے کہ مسلمانوں کو ہر گز ہر گز مکہ میں داخل نہ ہونے دیا جائے۔ چنانچہ کفارِ قریش نے اپنے ساتھ ملے ہوئے تمام قبائل کو جمع کر کے ایک فوج تیار کرلی اور مسلمانوں کا راستہ روکنے کے لئے مکہ سے باہر نکل کر ایک مقام پر پڑاوڈال دیا۔ جس راستے پر کافروں کی فوج تھی اللہ کے آخری نبی صلَّی اللہ علیہ واٰلہٖ وسلَّم اس راستے سے ہٹ کر سفر فرمانے لگے اور عام راستہ سے کٹ کر آگے بڑھے اور مقامِ "حدیبیہ" میں پہنچ کر پڑاوڈالا۔ یہاں پانی کی بے حد کمی تھی۔ ایک ہی کنواں تھا۔ وہ چند گھنٹوں ہی میں خشک ہو گیا۔ جب صحابۂ کرام رضی اللہ عنہم پیاس سے بے تاب ہونے لگے تو آپ نے ایک بڑے پیالہ میں اپنا دست مبارک ڈال دیا اور

آپ کی مقدس انگلیوں سے پانی کا چشمہ جاری ہو گیا۔ پھر آپ نے خشک کنویں میں اپنے وضو کا استعمال فرمایا ہوا پانی اور اپنا ایک تیر ڈال دیا تو کنویں میں اس قدر پانی ابل پڑا کہ پورا لشکر اور تمام جانور اس کنویں سے کئی دنوں تک سیر اب ہوتے رہے۔ [1]

حدیبیہ ایک بستی ہے جو مکہ شریف سے تقریباً 24 کلومیٹر کے فاصلے پر واقع ہے۔ یہاں کا کچھ علاقہ حرم میں اور کچھ حل یعنی حرم سے باہر ہے۔ آج کل یہ جگہ شمیسی کے نام سے مشہور ہے۔

بیعتُ الرضوان

مقامِ حدیبیہ میں پہنچ کر اللہ کے آخری نبی صلَّی اللہ علیہ والہٖ وسلَّم نے دیکھا کہ کفارِ قریش لشکر لے کر جنگ کے لئے آمادہ ہیں جبکہ آپ اور آپ کے صحابہ حالتِ احرام میں ہیں۔ اس لیے آپ نے مناسب سمجھا کہ ان سے صلح کی گفتگو کی جائے۔ اسی کام کیلئے آپ نے حضرت عثمان غنی رضی اللہ عنہ کو مکہ بھیجا۔ یہ شہرِ مکہ تشریف لے گئے اور کفارِ قریش کو صلح کی دعوت دی۔ کافروں نے ان سے کہا کہ ہم آپ کو اجازت دیتے ہیں کہ آپ کعبہ کا طواف کریں، صفا و مروہ کی سعی کریں لیکن ہم محمد (صلَّی اللہ علیہ والہٖ وسلَّم) کو ہرگز کعبہ میں نہ آنے دیں گے۔ حضرت عثمان رضی اللہ عنہ نے فرمایا اللہ کے آخری نبی صلَّی اللہ علیہ والہٖ وسلَّم کے بغیر میں کبھی بھی عمرہ نہیں کروں گا۔ بات بڑھ گئی اور کافروں نے آپ کو مکہ میں روک لیا۔ حدیبیہ کے میدان میں یہ خبر مشہور ہو گئی کہ کفارِ قریش نے حضرت عثمان رضی اللہ عنہ کو شہید کر دیا۔ آپ کو جب یہ خبر پہنچی تو آپ نے فرمایا کہ عثمان کے خون کا بدلہ لینا فرض ہے۔ یہ فرما کر آپ ایک درخت کے نیچے بیٹھ گئے اور صحابۂ کرام رضی اللہ عنہم سے فرمایا کہ تم سب لوگ میرے ہاتھ پر اس بات کی بیعت کرو کہ آخری دم تک تم لوگ میرے وفادار رہو گے۔ تمام صحابہ نے یہ عہد لے کر آپ کی بیعت کی۔ یہی وہ بیعت ہے جس کا نام تاریخِ اسلام میں "بیعتُ الرضوان" ہے۔ اس درخت اور اس کے نیچے ہونے والی بیعت کا ذکر قرآنِ پاک میں دو مقامات سورۂ مائدہ کی آیت نمبر 7 اور سورۂ فتح کی کئی آیات میں آیا ہے۔ یہ بیعت ہو جانے کے بعد معلوم ہوا کہ حضرت عثمانِ غنی رضی اللہ عنہ کی شہادت کی خبر غلط تھی، وہ حیات تھے اور ٹھیک تھے۔

صلح حدیبیہ اور اس کی وجوہات

اللہ کے آخری نبی صلّی اللہ علیہ والہٖ وسلّم اور آپ کے صحابہ عمرہ کے ارادے سے چلے تھے۔ اسی وجہ سے قربانی کے جانور بھی آپ کے ساتھ تھے۔ مگر کافروں نے قسمیں اٹھالیں کہ ہم اپنے جیتے جی مسلمانوں کو کعبہ شریف تک نہیں پہنچے دیں گے۔ جب آپ کی طرف سے صلح کا پیغام لے کر حضرت عثمانِ غنی رضی اللہ عنہ مکہ تشریف لے گئے تو قریش نے بھی آپ کی خدمت میں کچھ لوگ بات چیت کیلئے بھیجے مگر بات نہ بن سکی۔ پھر قریش نے سہیل بن عمرو کو صلح کی شرائط طے کرنے کیلئے بھیجا جس کے نتیجے میں صلح حدیبیہ کا معاہدہ طے پایا۔ اس معاہدے کی کچھ شرائط یہ ہیں:

1. مسلمان اس سال بغیر عمرہ کے واپس چلے جائیں۔
2. آئندہ سال عمرہ کیلئے آسکتے ہیں مگر مکہ میں صرف تین دن رکیں۔
3. آئندہ 10 سال تک کوئی لڑائی نہیں کی جائے گی۔
4. قبائل عرب جس کے ساتھ چاہیں دوستی کا معاہدہ کرسکتے ہیں۔
5. مکہ سے کوئی مسلمان مدینہ چلا گیا تو اسے واپس کرنا ضروری ہو گا۔

قرآنِ پاک میں اس صلح کو "فتحِ مبین" فرمایا گیا۔ بظاہر یہ معاہدہ مسلمانوں کے خلاف تھا مگر اس کے بعد ہونے والے واقعات نے بتادیا کہ یہی صلح بعد میں ہونے والی فتوحات کی کنجی ثابت ہوئی۔

دسواں باب

بعد از حدیبیہ
تا
رحلت شریف

After Hudaybiyyah
till
Blessed apparent demise

سلاطین کے نام دعوتِ اسلام

صلحِ حدیبیہ کے بعد ہر طرف امن و سکون کی فضا ہو گئی۔ اللہ کے آخری نبی صلَّی اللہ علیہ واٰلہٖ وسلَّم چونکہ تمام جہان کی طرف نبی ہیں، اس لیے آپ نے ارادہ فرمایا کہ اسلام کا پیغام تمام دنیا میں پہنچایا جائے۔ چنانچہ آپ نے مختلف بادشاہوں کی طرف قاصدوں کے ذریعے خط روانہ فرمائے۔ اس کا خلاصہ یہ ہے:

قاصد کا نام	شہر/ملک	بادشاہ/امیر	رویہ و نتیجہ
حضرت دحیہ کلبی	بیت المقدس	ہرقل (قیصر روم)	اسلام کی حقانیت کا قائل ہوا مگر سلطنت کی لالچ میں کلمہ پڑھنے سے محروم رہا۔[1]
حضرت عبد اللہ بن حذافہ	طیسفون	کسریٰ (خسرو پرویز)	خط کو پھاڑ ڈالا، اس کے بیٹے نے اسے قتل کر ڈالا، حضرت عمر رضی اللہ عنہ کے دور میں اس کی حکومت کا خاتمہ ہو گیا۔[2]
حضرت عمرو بن امیہ	اکسوم	اصحمہ نجاشی	خط کی تعظیم کی اور اسلام قبول کر لیا۔[3]
حضرت حاطب بن ابی بلتعہ	اسکندریہ	مقوقس (شاہِ مصر)	خط کی تعظیم کی، مگر مسلمان نہ ہوا، قیمتی تحائف آپ عَلَیْہِ السَّلَام کی طرف بھیجے۔[4]
حضرت علا بن حضرمی	بحرین	منذر بن ساویٰ	خط کی تعظیم کی اور قوم کے اکثر افراد کے ساتھ اسلام قبول کیا۔[5]

1. بخاری، کتاب بدء الوحی، باب 6، 1/12، حدیث: 7 ملخصا
2. سبل الھدیٰ والرشاد، ابواب ذکر رسلہ۔۔۔ الخ، الباب الحادی والعشرون۔۔۔ الخ، 11/362 ملخصا
3. سبل الھدیٰ والرشاد، ابواب ذکر رسلہ۔۔۔ الخ، الباب السابع والعشرون۔۔۔ الخ، 11/365
4. سبل الھدیٰ والرشاد، ابواب ذکر رسلہ۔۔۔ الخ، الباب الخامس۔۔۔ الخ، 11/348-349
5. شرح الزرقانی علی المواھب، واما مکاتبتہ الی الملوک وغیر ھم، 5/34-36 ملخصا

حضرت عمرو بن عاص	عمان	جُلَنْدی کے دو بیٹے جَیفَر اور عبد	خط کی تعظیم کی، دونوں نے اسلام قبول کر لیا۔ 1
حضرت سلیط بن عمرو	یمامہ	ہوذہ بن علی	خط کی تعظیم کی، قاصد کا بھی احترام کیا، مگر حکومت کے بدلے میں اسلام قبول کرنے کی شرط رکھی جو منظور نہ فرمائی۔ 2
حضرت شجاع بن وہب	غوطہ (دمشق)	حارث بن ابی شمر غسانی	مغرور خط کو پڑھ کر برہم ہو گیا اور اپنی فوج کو تیاری کا حکم دے دیا۔ اس وجہ سے "غزوۂ موتہ" اور "غزوۂ تبوک" جیسے معرکے پیش آئے۔ 3

غزوۂ خیبر اور اس کے اسباب

محرم الحرام کے مہینے میں غزوۂ خیبر کا معرکہ ہوا۔ ایک قول یہ ہے کہ یہ سات ہجری کا واقعہ ہے۔ "خیبر" عرب میں یہودیوں کا سب سے بڑا مرکز تھا۔ یہاں کے یہودی بڑے دولت مند، مالدار اور جنگوں کے ماہر تھے۔ انہوں نے یہاں بہت سے مضبوط قلعے بنا رکھے تھے، جن میں سے آٹھ قلعے بڑے مشہور ہیں۔ ان آٹھ قلعوں کے مجموعے کو "خیبر" کہا جاتا ہے۔ 4

جنگِ خندق میں جن کافروں نے مدینہ شریف پر حملہ کیا تھا ان میں خیبر کے یہودی سب سے آگے تھے۔ یہی اس جنگ کو بھڑکانے والے اور اس جنگ کی بنیاد رکھنے

1 شرح الزرقانی علی المواہب، واما مکاتبتہ الی الملوک وغیرہم، 5/37-43 ملتقطا

2 مدارج النبوت، 2/228-229، ملخصا

3 سبل الھدیٰ والرشاد، ابواب ذکر رسلہ۔۔۔الخ، الباب الحادی والعشرون۔۔۔الخ، 11/358-359 ملخصا، سیرت مصطفیٰ، ص 373

4 شرح الزرقانی علی المواہب، باب غزوۃ خیبر، 3/243 ملتقطا

والے تھے۔ انہوں نے ہی مکہ کے کافروں کو مدینہ شریف پر چڑھائی کرنے پر ابھارا تھا اور ان کی مالی امداد کی تھی۔ غزوۂ خندق میں ہونے والی رسوائی نے انہیں مزید غم وغصے میں مبتلا کر دیا۔ انہوں نے دوسرے قبائل کو ساتھ ملا کر پھر سے مدینہ شریف پر حملہ کی سازشیں شروع کر دیں۔ [1] اللہ کے آخری نبی صلَّی اللہ علیہ واٰلہٖ وسلَّم کو جب ان کی سازشوں کا علم ہوا تو سولہ سو صحابۂ کرام علیھمُ الرِّضوان کے لشکر کے ساتھ خیبر روانہ ہوئے۔ [2]

قلعہ خیبر کی تصاویر جو اس وقت کے یہودیوں کا عسکری مرکز تھا

[1] سیرت مصطفیٰ، ص 381 ملخصاً

[2] خیبر (Khaybar) مدینہ شریف سے شمال کی جانب تبوک (Tabuk) جانے والے راستے پر واقع ہے، مدینہ شریف سے اس کا فاصلہ تقریباً 153 کلومیٹر ہے۔ یہاں کی زمین زرخیز اور علاقہ عمدہ کھجوروں کی پیداوار کیلئے مشہور تھا۔ یہاں اتنی کثرت سے باغات تھے کہ شہر نظر نہیں آتا تھا۔ اب نیا شہر قدیم علاقے سے ہٹ کر واقع ہے۔

رات کے وقت آپ خیبر کی حدود میں داخل ہوئے، آپ کی عادتِ مبارکہ تھی کہ رات کے وقت کسی بھی قوم پر حملہ نہیں فرماتے تھے، نمازِ فجر کے بعد شہر میں داخل ہوئے۔ یہودیوں نے قلعوں میں رہ کر جنگ لڑنے کا منصوبہ بنایا۔ آہستہ آہستہ تمام قلعے فتح ہو گئے۔ خیبر کا سب سے بڑا اور مضبوط قلعہ "قموص" تھا جسے حضرت علی رضی اللہ عنہ نے فتح فرمایا۔ خیبر میں ہونے والے معرکوں میں 93 یہودی قتل ہوئے جبکہ 15 صحابۂ کرام علیہمُ الرِّضوان شہید ہوئے۔[1] فتح کے بعد یہودیوں نے درخواست کی کہ انہیں خیبر سے نہ نکالا جائے اور زمین بھی ان کے قبضے میں رہنے دی جائے، یہاں کی پیداوار کا آدھا حصہ ان سے لے لیا جائے۔ اللہ کے آخری نبی صَلَّی اللہ علیہ والہٖ وسلَّم نے ان کی درخواست منظور فرمائی۔ جب غلہ تیار ہو گیا تو آپ نے حضرت عبد اللہ بن رواحہ رَضِیَ اللہُ عَنْہ کو اس کی تقسیم کیلئے بھیجا۔ انہوں نے غلہ کو دو حصوں میں برابر برابر تقسیم کیا اور یہود سے کہا جو حصہ چاہو لے لو۔ اس تقسیم پر وہ حیران ہو کر کہنے لگے: زمین و آسمان اسی عدل کی وجہ سے قائم ہیں۔[2] خیبر کی فتح کے ساتھ دیگر کئی علاقے بھی فتح ہوئے، بعض مقامات پر جنگ ہوئی اور بعض علاقے بغیر جنگوں کے فتح ہوئے۔[3]

عُمرۃُ القضا کی ادائیگی

حدیبیہ کے مقام پر جو صلح ہوئی تھی اس میں ایک شرط یہ بھی تھی کہ مسلمان

[1] شرح الزرقانی علی المواھب، باب غزوۃ خیبر، 3/352-353 ملتقطاً

[2] فتوح البلدان، ص 33-35 ملتقطاً

[3] شرح الزرقانی علی المواھب، باب غزوۃ خیبر، 3/303 ملخصاً

اگلے سال آکر عمرہ کریں گے اور تین دن تک مکہ شریف میں ٹھہریں گے۔ ایک سال مکمل ہونے پر ماہِ ذوالقعدہ سن 7 ہجری میں اللہ کے آخری نبی صلَّی اللہ علیہ واٰلہٖ وسلَّم نے اعلان کر دیا کہ جو لوگ پچھلے سال حدیبیہ میں شریک تھے وہ سب چلیں۔ شہید ہونے والوں کے سوا باقی تمام صحابہ نے یہ سعادت حاصل کی۔ آپ 2 ہزار مسلمانوں کے ساتھ مکہ شریف روانہ ہوئے۔ 60 اونٹ بھی قربانی کیلئے ساتھ تھے۔[1] جب اللہ کے آخری نبی صلَّی اللہ علیہ واٰلہٖ وسلَّم حرمِ مکہ میں داخل ہوئے تو بعض کفار قریب کے پہاڑوں پر چڑھے یہ منظر دیکھ رہے تھے، آپس میں کہنے لگے: یہ بھلا کیسے طواف کریں گے ان کو تو بھوک اور بخار نے کمزور کر دیا ہے۔ آپ نے حرمِ مکی میں پہنچ کر چادر کو اس طرح اوڑھ لیا کہ آپ کا داہنا کندھا اور بازو کھل گیا۔[2] اور آپ نے فرمایا: خدا اس پر اپنی رحمت نازل فرمائے جو ان کفار کے سامنے اپنی قوت کا اظہار کرے۔ پھر آپ نے صحابۂ کرام کے ساتھ شروع کے تین پھیروں میں کندھوں کو ہلا ہلا کر اور خوب اکڑتے ہوئے چل کر طواف کیا۔[3] یہ سنت آج بھی باقی ہے، ہر طواف کرنے والا شروع کے تین پھیروں میں اس پر عمل کرتا ہے۔

پھر آپ صلَّی اللہ علیہ واٰلہٖ وسلَّم نے صفا مروہ کی سعی فرمائی اور قربانی کے جانور ذبح فرمائے۔ تین دن تک آپ مکہ شریف میں تشریف فرما رہے، اس کے بعد واپس مدینہ شریف تشریف لے گئے۔ چونکہ یہ عمرہ ایک سال پہلے والے عمرہ کہ وجہ سے تھا اس

---

1. شرح الزرقانی علی المواھب، باب غزوۃ خیبر، 3/314 ملخصاً
2. اس کو اضطباع کہتے ہیں۔
3. اس کو عربی زبان میں "رَمَل" کہتے ہیں۔

لیے اسے عمرۃ القضا کہتے ہیں۔ [1]

غزوۂ موتہ کے اسباب

"مُؤتَہ" ملکِ شام میں ایک مقام ہے۔ اس جنگ کا سبب یہ ہوا کہ اللہ کے آخری نبی صلَّی اللہ علیہ واٰلہٖ وسلَّم نے "بُصریٰ [2]" کے بادشاہ قیصر کے نام خط لکھ کر حضرت حارث بن عمیر رضی اللہ عنہ کے ہاتھ روانہ فرمایا۔ راستے میں شرحبیل بن عمرو نے قاصد کو شہید کر دیا۔ جب آپ تک یہ اطلاع پہنچی تو آپ کو سخت صدمہ ہوا۔ اس وقت آپ نے تین ہزار مسلمانوں کا لشکر تیار فرمایا اور اپنے مبارک ہاتھوں سے سفید رنگ کا جھنڈا باندھ کر حضرت زید بن حارثہ رضی اللہ عنہ کے ہاتھ میں دیا اور انہیں اس فوج کا سپہ سالار بنایا۔ ساتھ ارشاد فرمایا: اگر یہ شہید ہو جائیں تو جعفر بن ابو طالب امیر ہوں گے۔ اگر وہ شہید ہو جائیں تو عبد اللہ بن رواحہ امیر ہوں گے۔ [3]

غزوۂ موتہ

حضرت زید رضی اللہ عنہ کی قیادت میں جب یہ لشکر روانہ ہوا تو انہیں خبر ملی کہ خود قیصرِ روم ایک لاکھ فوج لے کر موجود ہے۔ اس کے ساتھ مزید ایک لاکھ عیسائی عرب بھی شریک ہو رہے ہیں۔ حضرت زید نے اس پر مشاورت کی کہ اللہ کے آخری نبی صلَّی

1. شرح الزرقانی علی المواھب، باب غزوۃ خیبر، 3/315-324 ملخصاً
2. بُصریٰ یہ شام کا ایک علاقہ ہے جہاں اُس وقت شرحبیل بن عمرو گورنر تھا، یہ ملکِ روم کے بادشاہ قیصر کا باج گزار تھا۔ یاد رہے کہ بُصریٰ اور بَصرَہ دو مختلف شہروں کے نام ہیں۔ بصرہ شہر حضرت عمر نے اپنے دور حکومت میں فوجی چھاؤنی کے طور آباد کروایا تھا۔
3. شرح الزرقانی علی المواھب، باب غزوۃ موتۃ، 3/339-342

اللہ علیہ والہٖ وسلّم کو خط لکھ کر مزید فوج کی درخواست کریں یا جنگ میں کود پڑیں۔ حضرت عبد اللہ بن رواحہ رضی اللہ عنہ نے فرمایا: ہمارا مقصد فتح یا مال نہیں ہے۔ بلکہ ہمارا تو مقصود ہی شہادت ہے۔ یہ باتیں سن کر لوگ کہنے لگے: عبد اللہ نے سچ کہا، پھر انہوں نے آگے بڑھ کر "مُؤتَہ" کے مقام پر پڑاؤ ڈالا، لشکر کو ترتیب دیا گیا اور تمام لشکر لڑائی کیلئے تیار ہو گیا۔

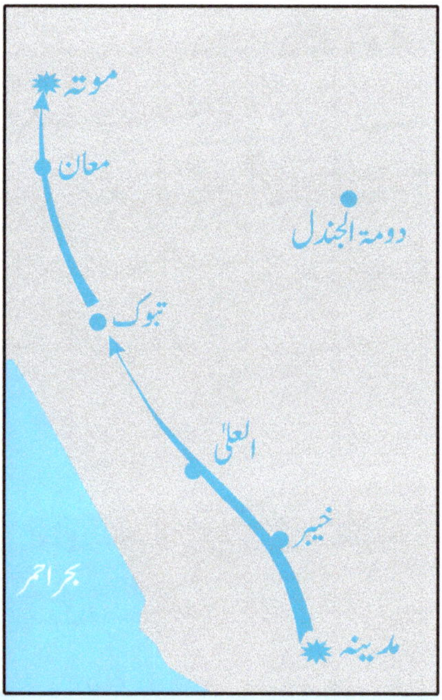

مَوتَہ موجودہ اُردن (Jordan) کے شہر کرک (Kerak) اور دریائے اردن کے درمیان کا علاقہ ہے۔ اردن مغربی ایشیا (Western Asia) کا ملک ہے جس کا دار الحکومت عمان (Amman) ہے۔ اُس وقت یہاں شامیوں کی حکومت تھی۔ یہ پہلا موقع تھا جس میں مسلمانوں کا لشکر مدینہ شریف سے اتنا دور جنگ کیلئے گیا۔ اردن کا مدینہ شریف سے کم از کم فاصلہ ایک ہزار کلومیٹر سے زائد ہے۔

انسانی تاریخ کا عجیب معرکہ یہاں پیش آیا کہ تین ہزار جانبازوں کے مقابلے میں دو لاکھ کا لشکر تھا۔ اللہ کے آخری نبی صلَّی اللہ علیہ واٰلہٖ وسلَّم کی پیش گوئی کے مطابق حضرت زید شہید ہوئے تو حضرت جعفر نے پرچمِ اسلام کو اٹھالیا، یہ شہید ہوئے تو حضرت عبداللہ بن رواحہ رضی اللہ عنہ نے پرچم سنبھال لیا۔ آقا علیہ السَّلام مدینہ شریف میں ہی یہ تمام واقعات دیکھ رہے تھے اور بیان فرمارہے تھے۔[1] ان کی شہادت کے بعد حضرت خالد بن ولید نے جھنڈا لیا اور اس قدر بہادری سے لڑے کے ان کے ہاتھ میں نو تلواریں ٹوٹیں۔ انہوں نے کمال جنگی مہارت سے اسلامی فوج کو دشمنوں کے محاصرے سے نکالا اور مدینہ واپس لے آئے۔ یہ مسلمانوں کی فتح ہی تھی کہ ایک لاکھ[2] کے لشکر کے مقابلے میں صرف 12 صحابۂ کرام علیہمُ الرِّضوان شہید ہوئے، باقی سب صحیح وسالم واپس آگئے۔ جبکہ دشمن کا نقصان اس سے کہیں زیادہ تھا۔[3]

فتحِ مکہ کے اسباب

حُدَیبِیہ میں ہونے والی صلح کے مطابق مسلمانوں اور کفار قریش کے درمیان 10 سال تک جنگ بندی کا معاہدہ ہوا تھا۔ اس معاہدہ کی رو سے قبیلہ بنو بکر نے قریش سے اتحاد کرلیا اور بنو خزاعہ مسلمانوں سے مل گئے۔ ان دونوں قبیلوں کے درمیان کافی عرصے سے دشمنی تھی۔ ایک دفعہ بنو بکر نے قریش کے ساتھ مل کر مسلمانوں کے

1 شرح الزرقانی علی المواھب، باب غزوۃ موتۃ، 3/344-347 ملخصًا

2 بعض روایات کے مطابق کافروں کے لشکر کی تعداد دولاکھ تھی۔ یہ جنگ سات دن تک جاری رہی اور دشمن کی ہلاکتوں کی تعداد بیس ہزار تک بیان کی گئی ہے۔ جبکہ صحابۂ کرام میں سے صرف بارہ افراد شہید ہوئے۔

3 شرح الزرقانی علی المواھب باب غزوۃ موتۃ، 3/348-349 ملخصًا

اتحادی قبیلے بنو خزاعہ پر حملہ کر دیا۔ بنو خزاعہ کے لوگ بچنے کیلئے حرمِ کعبہ میں داخل ہوئے تو انہوں نے وہاں بھی انہیں نہ چھوڑا۔ اس حملے میں بنو خزاعہ کے 23 لوگ قتل ہوئے۔ بنو خزاعہ نے رسول خدا صلَّی اللہ علیہ والہٖ وسلَّم سے مدد کی درخواست کی۔[1] آپ نے قریش کی طرف پیغام بھیجا کہ تین میں سے کوئی بات مان لو۔

1. مقتولوں کی دیت ادا کرو!
2. یا پھر بنو بکر سے اتحاد ختم کر دو!
3. یا پھر یہ اعلان کر دو کہ حدیبیہ کا معاہدہ ختم ہو گیا۔

یہ شرائط سُن کر قریش کے نمائندے نے معاہدہ ختم کرنے کا اعلان کر دیا۔ اللہ کے آخری نبی صلَّی اللہ علیہ والہٖ وسلَّم کے قاصد کے واپس جاتے ہی قریش کو احساس ہو گیا کہ ان سے بڑی غلطی ہو گئی ہے۔ انہوں نے فوراً ابو سفیان کو پہلے کی طرح نیا معاہدہ کرنے مدینہ شریف روانہ کر دیا۔ مگر ان کی نہ سنی گئی۔ مایوس ہو کر ابو سفیان نے مسجد نبوی میں کھڑے ہو کر اپنی طرف سے معاہدہ کی تجدید کا اعلان کیا مگر کسی نے بھی جواب نہ دیا۔ انہوں نے مکہ جاکر ساری صورت حال سردارانِ قریش کے سامنے رکھ دی۔ انہوں نے پوچھا: تمہارے اعلان کرنے کے بعد انہوں نے کوئی جواب دیا؟ ابو سفیان نے کہا: نہیں۔ تو کفار قریش کہنے لگے: یہ تو کچھ بھی نہ ہوا، نہ تو یہ صلح ہے کہ ہمیں اطمینان ہو، نہ یہ اعلانِ جنگ ہے کہ ہم تیاری کریں۔ اسی دوران اللہ کے آخری نبی صلَّی اللہ علیہ والہٖ وسلَّم نے بڑی رازداری اور خاموشی سے جنگ کی تیاری فرمائی، مقصد یہ

[1] شرح الزرقانی علی المواہب، غزوۃ فتح الاعظم، 3/276-380 ملخصا

تھا کہ اہلِ مکہ کو خبر نہ ہونے پائے اور بے خبری میں ان پر حملہ کیا جائے۔[1]

رسولِ خدا کا مکہ میں داخلہ

اللہ کے آخری نبی صلَّی اللہ علیہ واٰلہٖ وسلَّم ہجرت کے آٹھویں (8th) سال رمضان المبارک کی 10 تاریخ کو کم و بیش دس ہزار کا لشکر لے کر مکہ کی طرف روانہ ہوئے۔ بعض قبائل راستے میں ساتھ ہوئے تو لشکر کی تعداد بارہ ہزار تک پہنچ گئی۔[2] مکہ میں داخلے سے پہلے رسولِ اکرم صلَّی اللہ علیہ واٰلہٖ وسلَّم نے فوج کو دو حصوں میں تقسیم فرمایا۔ ایک حصے میں آپ خود موجود تھے جبکہ دوسرا حصہ حضرت خالد بن ولید رضی اللہ عنہ کی سربراہی میں دے کر اسے دوسرے راستے سے مکہ میں داخلے کا حکم فرمایا۔[3] مکہ شریف کی زمین پر پہنچتے ہی آپ نے جو پہلا فرمان جاری فرمایا وہ یہ تھا:

- جو شخص ہتھیار ڈال دے گا اس کیلئے امان ہے۔
- جو اپنا دروازہ بند کر لے اس کیلئے امان ہے۔
- جو کعبہ میں داخل ہو جائے اس کیلئے امان ہے۔
- جو ابو سفیان کے گھر داخل ہو جائے اسے امان ہے۔[4]

آپ کے اس اعلانِ رحمت نشان سے ہر طرف امن و امان کی فضا پیدا ہو گئی۔ خون کا ایک قطرہ بھی بہنے کا امکان نہ رہا۔ لیکن قریش کے بعض افراد نے حضرت خالد

1. شرح الزرقانی علی المواہب، غزوۃ فتح الاعظم، 3/384-386 ملتقطا وملخصا
2. شرح الزرقانی علی المواہب، غزوۃ فتح الاعظم، 3/395 ملخصا
3. بخاری، کتاب المغازی، باب این رکز النبی، 3/102، حدیث: 4280
4. شرح الزرقانی علی المواہب، غزوۃ فتح الاعظم، 3/417-422 ملخصا

بن ولید رضی اللہ عنہ کے لشکر پر حملہ کر دیا جس سے تین مسلمان شہید ہوئے اور کم و بیش 12 کافر بھی قتل ہوئے۔ آپ نے جب دیکھا کہ تلواریں چل رہی ہیں اور تیر پھینکے جا رہے ہیں تو اس بارے میں پوچھا کہ جنگ سے منع کرنے کے باوجود تلواریں کیوں چل رہی ہیں تو عرض کی گئی: پہل کفار کی طرف سے ہوئی ہے۔ آپ نے فرمایا: ربّ کی تقدیر یہی ہے، خدا نے جو چاہا وہی بہتر ہے۔ [1]

اللہ کے آخری نبی صلَّی اللہ علیہ واٰلہٖ وسلَّم فاتحِ مکہ بن گئے مگر آپ کی عاجزی کا یہ عالم تھا کہ سورۂ فتح کی آیات تلاوت فرماتے اس طرح سرِ مبارک جھکا کر اونٹنی پر بیٹھے ہوئے تھے کہ آپ کا سر اونٹنی کے پالان سے لگتا تھا۔ [2] آپ نے اونٹنی کو بٹھایا، طواف کیا اور حجرِ اسود کو بوسہ دیا۔ پھر حکم دیا کہ بیتُ اللہ شریف سے تمام بت نکال دیئے جائیں۔ جب تمام بتوں سے کعبہ پاک ہو گیا تو آپ اندر تشریف لے گئے اور بیتُ اللہ کے تمام گوشوں میں تکبیر پڑھی اور دو رکعت نماز ادا فرمائی۔ [3]

رسولِ خدا کا کریمانہ برتاؤ

اس کے بعد آپ نے حرمِ کعبہ میں دربارِ عام لگایا، جس میں افواجِ اسلام کے ساتھ ہزاروں کافر بھی موجود تھے۔ ان کافروں میں وہ لوگ بھی تھے جنہوں نے آپ پر اور آپ کے صحابہ پر ظلم و ستم کے پہاڑ توڑے، راہ میں کانٹے بچھائے، جسمِ اطہر پر نجاستیں ڈالیں، قاتلانہ حملے کئے، آپ کے صحابہ کو شہید کیا، مکہ چھوڑنے پر مجبور کیا،

1. شرح الزرقانی علی المواہب، غزوۃ فتح الاعظم، 3/416-417 ملخصا
2. شرح الزرقانی علی المواہب، غزوۃ فتح الاعظم، 3/434
3. بخاری، کتاب المغازی، باب این رکز النبی، 3/102، حدیث: 4288 ملخصا

آپ پر بہتان لگائے اور گالیاں دیں، اَلْغَرَض! وہ کونسا ظلم تھا جو انہوں نے نہ کیا ہو۔ آج وہ سب کے سب مجرموں کی حیثیت سے آپ کے سامنے تھے۔ آپ چاہتے تو ان سے زبردست انتقام لیتے مگر اللہ کے آخری نبی صلَّی اللہ علیہ واٰلہٖ وسلَّم نے کوئی انتقامی کاروائی نہ فرمائی، اپنے کریمانہ لہجے میں ارشاد فرمایا: لَاتَثْرِیْبَ عَلَیْکُمُ الْیَوْمَ فَاذْهَبُوْا اَنْتُمُ الطُّلَقَاءُ آج تم پر کوئی الزام نہیں ہے، جاؤ! تم سب آزاد ہو۔[1] طرح طرح کی ایذائیں دینے والے دشمنوں پر فتح پاکر ایسا حسنِ سلوک کرنا اس کی مثال نہیں ملتی۔

فتحِ مکہ کے دوسرے دن بھی آپ نے خطبہ ارشاد فرمایا جس میں حرمِ کعبہ کے احکامات بیان فرمائے اور قیامت تک کیلئے حرم میں جنگ اور لڑائی کو حرام فرمایا۔ اس موقع پر آپ کے حسنِ سلوک کی وجہ سے لوگوں کی ایک بڑی جماعت نے اسلام قبول کیا۔ آپ نے مکہ کے اطراف میں موجود دوسرے بت بھی ختم کروادیئے۔[2]

غزوۂ حُنین

فتحِ مکہ سے اسلام کا حق ہونا پورے عرب پر ظاہر ہوگیا۔ یوں کئی قبائل اسلام قبول کرنے لگے۔ مگر اس خبر کے بعد قبیلہ ہوازن کے لوگ دیگر چند چھوٹے قبائل کے ساتھ مل کر مسلمانوں پر حملے کی نیت سے نکل پڑے۔ اللہ کے آخری نبی صلَّی اللہ علیہ واٰلہٖ وسلَّم کو جب خبر ملی تو آپ 12 ہزار فوج لے کر روانہ ہوئے۔ مکہ اور طائف کے درمیان میں "حنین[3]" نامی جگہ پر اسلامی لشکر کا کافروں سے سامنہ ہوا۔ شروع

1 شرح الزرقانی علی المواہب، غزوۂ فتح الاعظم، 3/449 ملخصا

2 شرح الزرقانی علی المواہب، ہدم العزیٰ وسواع ومناۃ، 3/487-490 ملتقطا

3 حنین ایک وادی ہے، جو مکہ شریف سے تقریباً 29 اور مدینہ شریف سے 462 کلومیٹر کے فاصلے پر ہے۔

میں مسلمانوں نے خوب ہاتھ دکھائے اور ایسا حملہ کیا کہ کافروں کی فوج میدان چھوڑ کر بھاگنے لگی۔ مگر ان کی وہ فوج جو گھات لگائے ہوئے تھی اس نے جب حملہ کیا تو اسلامی لشکر میں افرا تفری مچ گئی۔ بالآخر مسلمان غالب ہوئے۔ اس غزوہ میں ہزاروں قیدی اور ڈھیروں ڈھیر مالِ غنیمت مسلمانوں کے ہاتھ آیا۔[1]

اس کے بعد اللہ کے آخری نبی صلَّی اللہ علیہ واٰلہٖ وسلَّم طائف کی طرف روانہ ہوئے، طائف کے قلعے کا محاصرہ کیا، محاصرہ دو ہفتے سے زائد جاری رہا مگر خاطر خواہ فائدہ نہ ہوا تو آپ نے محاصرہ ختم کرنے کا حکم دیا اور دعا فرمائی کہ اے اللہ! تُو ثقیف یعنی طائف والوں کو ہدایت عطا فرما۔ دعائے نبی کی برکت سے 9 ہجری میں طائف کے لوگ مسلمان ہوگئے اور ان کی درخواست پر تمام قیدیوں کو چھوڑ دیا گیا۔ طائف سے واپسی پر غزوۂ حنین کے مالِ غنیمت کو آپ نے مسلمانوں میں تقسیم فرمایا۔ آپ نے دو ہفتوں سے زائد مکہ شریف میں قیام فرمایا اور اس کے بعد واپس مدینہ شریف تشریف لے گئے۔[2]

غزوۂ تبوک

ہجرت کے نویں سال ماہِ رجب میں غزوۂ تبوک کا معرکہ پیش آیا۔ مدینہ اور شام کے درمیان ایک جگہ ہے جس کا نام "تبوک" ہے۔ اسے جیش العسرۃ (تنگ دستی کا لشکر) بھی کہا جاتا ہے۔[3] اس کا سبب یہ بنا کہ مدینہ میں خبر پہنچی کہ رومیوں اور عرب عیسائیوں

1. شرح الزرقانی علی المواہب، باب غزوۃ حنین، 3/496-531 ملتقطاو ملخصا
2. شرح الزرقانی علی المواہب، نبذۃ من قسم الغنائم۔۔۔ الخ، 4/6-19 ملتقطاو ملخصا
3. شرح الزرقانی علی المواہب، غزوۃ تبوک، 4/65 ملخصا

نے مدینہ پر حملہ کرنے کیلئے ایک بڑی فوج تیار کرلی ہے۔ اس کا مقابلہ کرنے کیلئے اللہ کے آخری نبی صلَّی اللہ علیہ والہٖ وسلَّم نے فوج کی تیاری کا حکم فرمایا۔ اس وقت پورے حجاز میں شدید قحط تھا، سخت گرمی تھی اور گھر سے نکلنا مشکل تھا۔ [1]

تبوک میں واقع مسجد توبہ

یاد رہے کہ شہرِ تبوک (Tabuk) مدینہ شریف سے 552 کلومیٹر کے فاصلے پر ہے جبکہ بائی روڈ یہ فاصلہ تقریباً 682 کلومیٹر ہے۔ جہاں لشکرِ اسلام نے پڑاؤ ڈالا تھا وہ جگہ آج قلعۂ تبوک والبرکۃ کے نام سے مشہور ہے۔ یہ وہ آخری غزوہ ہے جس میں رسولِ اکرم صَلَّی اللّٰہُ عَلَیْہِ وَاٰلِہٖ وَسَلَّم نے بنفسِ نفیس سفر فرمایا۔

یہ وہی غزوہ ہے جس میں حضرت ابو بکر نے گھر کا پورا اور حضرت عمر رضی اللہ عنھما نے گھر کا آدھا سامان لشکر کی تیاری کیلئے پیش کیا۔ [1] جبکہ حضرت عثمانِ غنی اور حضرت عبد الرحمٰن بن عوف رضی اللہ عنہ نے خصوصی تعاون فرمایا۔ آپ تیس ہزار کا لشکر لے کر تبوک روانہ ہوئے۔ تبوک پہنچ کر لشکر کو پڑاؤ کا حکم دیا، دور تک رومی لشکر کا کوئی پتا نہیں تھا۔ پھر معلوم ہوا کہ جاسوسوں نے قیصر کو جب لشکرِ اسلام کی شان و شوکت اور تعداد کا بتایا تو ہیبت اور رعب کی وجہ سے وہ لوگ جنگ سے ہمت ہار گئے اور اپنے گھروں سے باہر نہ نکل سکے۔ اللہ کے آخری نبی صلَّی اللہ علیہ واٰلہٖ وسلَّم بیس دن تک تبوک میں قیام فرما کر مدینہ واپس تشریف لائے۔ تبوک اور قریب کے کچھ علاقے اسلامی سلطنت میں داخل ہو گئے۔ [2]

صدّیقِ اکبر بطورِ امیرِ حج

غزوۂ تبوک سے واپسی کے بعد اللہ کے آخری نبی صلَّی اللہ علیہ واٰلہٖ وسلَّم نے ہجرت کے نویں (9th) سال ذوالقعدہ کے مہینے میں تین سو مسلمانوں کا ایک قافلہ حج کیلئے مکہ مکرمہ روانہ فرمایا۔ حضرت ابو بکر صدّیق رضی اللہ عنہ کو امیرِ حج، حضرت علی مرتضی رضی اللہ عنہ کو نقیبِ اسلام اور حضرت سعد بن ابی وقاص، حضرت جابر بن عبد اللہ اور حضرت ابو ہریرہ رضی اللہ عنھم کو مُعَلِّم مقرر فرمایا۔ آپ نے اپنی طرف سے قربانی کیلئے 20 اونٹ بھی بھیجے۔ حضرت ابو بکر صدیق رضی اللہ عنہ نے حرمِ کعبہ اور عرفات و منیٰ میں خطبہ پڑھا۔ حضرت علی رضی اللہ عنہ کھڑے ہوئے اور "سورۂ براءت" کی چالیس آیتیں پڑھ

[1] ترمذی، کتاب المناقب، باب فی مناقب ابی بکر و عمر کلیھما، 5/380، حدیث: 3695

[2] مدارج النبوت، 2/349 ملخصا

کر سنائیں اور اعلان کر دیا کہ اب کوئی مشرک خانہ کعبہ میں داخل نہ ہو سکے گا اور نہ کوئی ننگا ہو کر طواف کر سکے گا۔ [1] چار مہینے کے بعد کفار و مشرکین کے لئے امان ختم کر دی جائے گی۔ حضرت ابو ہریرہ اور دوسرے صحابۂ کرام علیہمُ الرِّضوان نے اس قدر زور زور سے اعلان کیا کہ ان کا گلا بیٹھ گیا۔ ان علانات کے بعد لوگ فوج در فوج آکر مسلمان ہونے لگے۔

وفود کی آمد

9 ہجری کو وفود کا سال بھی کہا جاتا ہے۔ "وفود" عربی میں "وفد" کی جمع ہے۔ وفد ایک سے زائد افراد کے گروہ کو کہتے ہیں۔ اللہ کے آخری نبی صلَّی اللہ علیہ واٰلہٖ وسلَّم تبلیغِ اسلام کیلئے ہر طرف مبلغین کو بھیجا کرتے تھے۔ ان میں سے بعض تو مبلغین کے سامنے دعوتِ اسلام قبول کر کے مسلمان ہو جاتے جبکہ بعض قبائل اس بات کے خواہش مند ہوتے کہ براہِ راست بارگاہِ نبوت میں حاضر ہو کر جمالِ نبوت کی زیارت کریں اور اپنے اسلام کا اظہار کریں۔ اسی لیے کچھ لوگ اپنے اپنے قبیلوں کے نمائندے بن کر مدینہ شریف آتے اور خود بانیِ اسلام، اللہ کے آخری نبی صلَّی اللہ علیہ واٰلہٖ وسلَّم کی زبان سے دعوتِ اسلام کا پیغام سن کر اپنے اسلام کا اعلان کرتے اور پھر واپس اپنے اپنے قبیلوں میں جا کر انہیں بھی مسلمان کرتے۔ اس طرح کے وفود مختلف زمانوں میں مدینہ شریف آتے رہے مگر فتحِ مکہ کے بعد تو گویا سارے عرب میں اسلام کا ڈنکہ بج اٹھا۔

[1] شرح الزرقانی علی المواہب، حج الصدیق بالناس، 4/115-116 ملخصا و بخاری، کتاب المغازی، باب حج ابی بکر بالناس فی سنۃ تسع، 3/128، حدیث: 4363

کثرت سے وفود آنے کی وجہ

بہت سے قبائل پہلے ہی اسلام کی حقانیت کے قائل ہو چکے تھے مگر قریش کے ڈر اور دباؤ کی وجہ سے اسلام قبول نہیں کر سکتے تھے۔ فتحِ مکہ نے اس رکاوٹ کو دور کر دیا۔ اب اسلام کی تعلیمات اور قرآن کے مقدس پیغام نے ہر ایک کے دل پر سکہ بٹھا دیا، جس کا نتیجہ یہ نکلا کہ وہ لوگ جو پہلے اسلام کی بات سننا گوارا نہیں کرتے تھے اب پروانوں کی طرح شمعِ رسالت، مصطفٰے جانِ رحمت صلَّی اللہ علیہ والہٖ وسلَّم پر نثار ہونے لگے۔ سچے نبی کی تعلیمات اور کردار سے متاثر ہو کر یہ لوگ گروہ در گروہ آپ کی خدمت میں دور دراز سے وفود کی صورت میں حاضر ہوتے اور اپنی خوشی سے قبولیتِ اسلام کی سعادت پا کر شرفِ صحابیت کا تاج سر پر سجا کر ہمیشہ کی سعادتیں اپنے مقدر میں لکھواتے۔ فتحِ مکہ کے بعد 9 ہجری میں تو اتنی کثرت سے وفود آئے کہ اس سال کا نام ہی "سَنَةُ الْوُفُود" یعنی وفود کے آنے کا سال پڑ گیا۔ ایک قول کے مطابق اس سال تقریباً 60 وفود حضور علیہ السَّلام کی بارگاہ میں حاضر ہوئے۔ آپ قبائل سے آنے والے وفود کے استقبال اور ان سے ملاقات کیلئے خاص اہتمام فرماتے۔ ہر وفد کے آنے پر آپ نہایت عمدہ کپڑے زیبِ تن فرما کر تشریف لاتے، ان سے ملاقات کیلئے مسجد نبوی میں ایک ستون سے ٹیک لگا کر نشست فرماتے، پھر ہر ایک وفد سے خندہ پیشانی کے ساتھ گفتگو فرماتے اور ضروری عقائد و احکامِ اسلام کی تعلیم و تلقین بھی فرماتے۔ ان مہمانوں کو اچھے سے اچھے مکانوں میں ٹھہراتے، ان کی مہمان نوازی کا خاص خیال فرماتے اور ہر وفد کو تحائف بھی عطا فرماتے۔ [1]

[1] مدارج النبوت، 2/358-359 ملتقطاً و مختصراً

وفدِ کندہ

ان وفود میں سے ایک وفدِ کندہ تھا۔ یہ لوگ یمن کے اطراف میں رہتے تھے، اس قبیلے کے 70 یا 80 افراد بہت سج دھج کے مدینہ آئے، بالوں میں کنگھی، ریشم کے جبے پہنے، جسم پر ہتھیار سجائے یہ مدینہ شریف کی آبادی میں داخل ہوئے، جب یہ لوگ بارگاہِ رسالت میں حاضر ہوئے تو اللہ کے آخری نبی صلَّی اللہ علیہ واٰلہٖ وسلَّم نے ان سے پوچھا کہ کیا تم نے اسلام قبول کرلیا ہے؟ سب نے عرض کی: ”جی ہاں“ آپ نے فرمایا: پھر تم نے ریشمی لباس کیوں پہن رکھا ہے؟ یہ سنتے ہی ان لوگوں نے ریشمی جبوں کو جسموں سے اتار دیا اور ریشم کے بقیہ ٹکڑے بھی لباسوں سے پھاڑ کر جدا کر ڈالے۔[1]

وفدِ فزارہ

ان میں سے ایک وفدِ فزارہ تھا۔ یہ بیس افراد کا وفد تھا، یہ حاضرِ خدمت ہوئے اور اپنے اسلام کا اعلان کیا اور بتایا کہ یَا رَسُوْلَ اللہ! صلَّی اللہ علیہ واٰلہٖ وسلَّم ہمارے علاقے میں سخت قحط ہے، اب فقر و فاقہ ہمارے لیے ناقابلِ برداشت ہے، آپ کرم فرمائیں اور بارش کی دعا فرمائیں۔ اللہ کے آخری نبی صلَّی اللہ علیہ واٰلہٖ وسلَّم نے جمعہ کے دن منبر پر دعا فرمادی، فوراً بارش برسنے لگی اور ایک ہفتے تک جاری رہی۔ دوسرے جمعہ کو جب اللہ کے آخری نبی صلَّی اللہ علیہ واٰلہٖ وسلَّم خطبہ ارشاد فرما رہے تھے تو ایک اعرابی نے عرض کیا: یَا رَسُوْلَ اللہ! صلَّی اللہ علیہ واٰلہٖ وسلَّم بارش کی کثرت کی وجہ سے مویشی

1 مدارج النبوت، 2/359

ہلاک ہونے لگے، بال بچے بھوک سے بے قرار ہونے لگے اور تمام راستے بند ہو گئے۔ دعا فرمائیں کہ یہ بارش پہاڑوں پر برسے اور کھیتوں پر نہ برسے۔ آپ نے دعا فرمادی تو بادل شہرِ مدینہ سے کٹ گئے۔ یوں آٹھ دن کے بعد مدینہ میں سورج نظر آیا۔[1]

وفدِ قبیلہ سعد بن بکر

ان میں سے ایک وفد قبیلہ سعد بن بکر کے سردار حضرت ضمام بن ثعلبہ رضی اللہ عنہ کے ساتھ آیا۔ یہ سرخ و سفید رنگت اور لمبے بالوں کے مالک ہونے کے ساتھ بڑے خوبصورت آدمی تھے۔ یہ اللہ کے آخری نبی صلَّی اللہ علیہ واٰلہٖ وسلَّم کے پاس آئے اور کہا: اے عبد المطلب کے بیٹے! میں آپ سے چند چیزوں کے بارے میں سوال کروں گا اور سوالات میں سختی کروں گا۔ آپ مجھ سے ناراض مت ہو جایئے گا۔ آپ نے فرمایا: تم جو چاہو مجھ سے پوچھ سکتے ہو۔ پھر اس طرح سے مکالمہ ہوا:

ضمام بن ثعلبہ: میں آپ کو اس خدا کی قسم دے کر جو آپ اور تمام انسانوں کا پروردگار ہے یہ پوچھتا ہوں کہ کیا اللہ پاک نے آپ کو ہماری طرف اپنا رسول بنا کر بھیجا ہے؟

آپ نے فرمایا: "ہاں"

ضمام بن ثعلبہ: میں آپ کو خدا کی قسم دے کر یہ سوال کرتا ہوں کہ کیا نماز و روزہ اور حج و زکوٰۃ اللہ پاک نے ہم پر فرض کی ہے؟

آپ نے فرمایا: "ہاں"

ضمام بن ثعلبہ: آپ نے جو کچھ فرمایا میں اس پر ایمان لایا اور میں ضمام بن ثعلبہ ہوں۔

1 مدارج النبوت، 2/359

میری قوم نے مجھے اس لئے آپ کے پاس بھیجا ہے کہ میں آپ کے دین کو اچھی طرح سمجھ کر اپنی قوم بنی سعد بن بکر تک اسلام کا پیغام پہنچا دوں۔

پھر یہ اپنے وطن پہنچے اور ساری قوم کو جمع کر کے پہلے بتوں کی مذمت بیان کی پھر اسلام کی حقانیت پر ایسی زبردست تقریر فرمائی کہ رات بھر میں قبیلے کے تمام مرد و عورت مسلمان ہو گئے اور ان لوگوں نے بتوں کو اپنے ہاتھوں سے پاش پاش کر ڈالا، اپنے قبیلے میں مسجد بنا لی اور تمام اسلامی احکامات پر عمل کرنے والے پکے مسلمان بن گئے۔[1]

اور بھی کئی وفد اللہ کے آخری نبی صلَّی اللہ علیہ واٰلہٖ وسلَّم کی بارگاہ میں حاضر ہوئے اور دولتِ ایمان سے مشرف ہوئے۔

الوداعی حج (حجۃ الوداع)

ہجرت کے دسویں (10th) سال کا سب سے اہم واقعہ حجۃ الوداع ہے۔ یہ آپ کا آخری حج تھا۔ لوگوں نے آپ کو پورا حج کرتے ہوئے دیکھا۔ ذوالقعدہ کے مہینے میں آپ نے حج کیلئے روانگی کا اعلان فرمایا۔ آپ نے اس حج میں اپنا مشہور خطبہء وداع ارشاد فرمایا۔ اللہ کے آخری نبی صلَّی اللہ علیہ واٰلہٖ وسلَّم کے حج کا اعلان فرماتے ہی مختلف علاقوں سے کم و بیش ایک لاکھ چوبیس ہزار (124000) پروانے شمعِ رسالت، تاجدارِ نبوت صلَّی اللہ علیہ واٰلہٖ وسلَّم کے گرد جمع ہوئے۔[2] دنیا سے ظاہراً پردہ فرمانے کا اشارہ بھی آپ نے

[1] مدارج النبوت، 2/ 363-364 ملتقطاً و ملخصاً

[2] شرح الزرقانی علی المواہب، وحجۃ الوداع، 4/ 146

اس حج میں دے دیا، چنانچہ جمرات کے قریب آپ نے ارشاد فرمایا: مجھ سے حج کے مسائل سیکھ لو! شاید اس کے بعد میں دوسرا حج نہ کروں۔ [1] آپ ذوالقعدہ کی آخری جمعرات کو مدینہ شریف سے روانہ ہوئے اور ذوالحلیفہ جو کہ اہلِ مدینہ کا میقات ہے وہاں پہنچ کر احرام باندھا اور 4 ذوالحجہ کو مکہ شریف میں داخل ہوئے۔ طواف فرمایا، مقامِ ابراہیم میں نفل ادا فرمائے، صفاو مروہ کی سعی فرمائی، 8 ذوالحجہ کو منیٰ تشریف لے گئے، پھر 9 تاریخ کو عرفات گئے، یہاں آپ نے کمبل کے ایک خیمے میں قیام فرمایا۔ جب سورج ڈھل گیا تو آپ اپنی اونٹنی "قصواء" پر سوار ہوئے اور خطبہ پڑھا۔ اس خطبے میں آپ نے بہت سے ضروری احکامات کا اعلان فرمایا اور زمانۂ جاہلیت کی تمام برائیوں اور بیہودہ رسموں کو مٹانے کا اعلان فرمایا۔ [2]

الوداعی خطبہ

آپ کے اس خطبے کے چند ارشادات یہ ہیں:

✿ تمہارا رب ایک ہے اور بے شک تمہارے باپ (حضرتِ آدم علیہ السّلام) ایک ہیں۔ کسی عربی کو کسی عجمی پر اور کسی عجمی کو کسی عربی پر، کسی سفید کو کسی کالے پر اور کسی کالے کو کسی سفید پر کوئی فضیلت نہیں مگر تقویٰ کے سبب سے۔ ✿ تمام انسان آدم کی اولاد ہیں اور آدم مٹی سے بنائے گئے۔ اب فضیلت و برتری کے سارے دعوے، خون و مال کے سارے مطالبے اور سارے اِنتقام میرے پاؤں تلے ہیں۔

[1] مسلم، کتاب الحج، باب استحباب رمی الجمرۃ العقبۃ...الخ، ص675، حدیث:1297

[2] مسلم، کتاب الحج، باب حجۃ النبی، ص489، حدیث:2950 ملتقطا وملخصا

✿ اے لوگو! ہر مسلمان دوسرے مسلمان کا بھائی ہے اور سارے مسلمان آپس میں بھائی بھائی ہیں۔ ✿ کسی کیلئے یہ جائز نہیں ہے کہ وہ اپنے بھائی سے کچھ لے، مگر وہ کہ جس پر اس کا بھائی بھی راضی ہو اور خوشی سے دے۔ اے لوگو! خود پر اور ایک دوسرے پر ظلم مت کرو۔ ✿ تمہارا خون اور تمہارا مال تم پر تا قیامت اسی طرح حرام ہے جس طرح تمہارا یہ دن، تمہارا یہ مہینہ، تمہارا یہ شہر محترم ہے۔ ✿ اے لوگو! خواتین سے بہتر سلوک کرو! کیونکہ وہ تمہارے تابع ہیں، اور خود سے کچھ نہیں کر سکتیں۔ ✿ پھر فرمایا: تم سے ربِّ کریم میرے بارے میں پوچھے گا تو تم کیا کہو گے؟ صحابۂ کرام نے عرض کیا: آپ نے خدا کا پیغام پہنچا دیا اور رسالت کا حق ادا کر دیا، اللہ کے آخری نبی صلَّی اللہ علیہ واٰلہٖ وسلَّم نے آسمان کی طرف انگلی اٹھائی اور تین بار فرمایا: اے اللہ! تو گواہ رہنا۔ اس کے بعد وحی کے ذریعے دین مکمل ہونے کی سند عطا فرمائی گئی اور پھر اپنے حج کی تکمیل فرمائی۔ (1)

الوداعی خطبہ کی بہاریں

اللہ کے آخری نبی صلَّی اللہ علیہ واٰلہٖ وسلَّم نے آج سے تقریباً ساڑھے چودہ سو سال پہلے یہ خطبہ ارشاد فرمایا تھا۔ کمال بات یہ ہے کہ جب آپ یہ خطبہ ارشاد فرما رہے تھے تو اس وقت آپ اونٹنی کے کجاوے پر تشریف فرما تھے۔ یہ آپ کی کمال سادگی کی شان تھی۔ آپ کا ارشاد فرمایا ہوا یہ خطبہ انسانی تاریخ کا سنہرا اور روشن باب ہے۔ اس

(1) مسلم، کتاب الحج، باب حجۃ النبی، ص490، حدیث:2950 ملتقطاً وملخصاً

خطبے میں انسانی حقوق بالخصوص حقوقِ نسواں، غلاموں کے حقوق، جان، مال، عزت آبرو کی حفاظت، معاشی اصلاحات، وراثت کے مسائل، قرض و مقروض سے متعلق احکامات، سیاست اور دین سے متعلق ایسی رہنمائی موجود ہے جس کی اس سے پہلے مثال نہیں ملتی۔ یہ خطبہ تمام اسلامی تعلیمات کا نچوڑ اور حقوق و فرائض کا عالمی منشور ہے۔ یہ خطبہ آج بھی مسلمانوں کیلئے گویا آئین اور ابدی پیغام کی حیثیت رکھتا ہے۔ یہ خطبہ آج بھی اتنا ہی اہم ہے جتنا آج سے ساڑھے چودہ سو سال پہلے تھا۔ اس خطبے میں وہ روشنی ہے جس کی انسانیت کو ضرورت ہے۔ اس خطبے میں ایسا درس ہے جس پر عمل انسان کو انسانیت کی معراج پر لے جا سکتا ہے۔

موئے مبارک کی تقسیم

عرفات کے ساتھ ساتھ منیٰ میں بھی آپ نے ایک خطبہ ارشاد فرمایا جس میں عرفات کے خطبے کی طرح بہت سے مسائل و احکام بیان فرمائے۔ پھر آپ قربان گاہ تشریف لے گئے۔ قربانی کے سو اونٹوں میں سے کچھ کو اپنے ہاتھ مبارک سے نحر فرمایا اور باقی حضرت علی کو نحر کرنے کا حکم فرمایا۔ قربانی کے بعد آپ نے سر کے بال اتروائے، ان بالوں کا کچھ حصہ حضرت ابو طلحہ انصاری رضی اللہ عنہ کو عطا فرمایا اور باقی موئے مبارک مسلمانوں میں تقسیم فرمانے کا حکم فرمایا۔ [1] پھر آپ زمزم کے کنویں پر تشریف لائے اور زمزم نوش فرمایا اور طوافِ وداع کر کے مہاجرین و انصار کے ساتھ مدینہ منورہ تشریف لے گئے۔ [2]

1. سیرۃ الحلبیۃ، حجۃ الوداع، 3/377 ملتقطاً
2. سیرۃ الحلبیۃ، حجۃ الوداع، 3/379 ملتقطاً و ملخصاً

مرضِ وفات اور رِحلت شریف

ہجرت کے گیارہویں سال 20 یا 22 صفر کو اللہ کے آخری نبی صلَّی اللہ علیہ واٰلہٖ وسلَّم جنت البقیع آدھی رات کو تشریف لے گئے، وہاں سے واپس تشریف لائے تو مزاج مبارک ناساز ہوگیا۔ کچھ دن تک علالت بہت بڑھ گئی۔[1] آپ تمام ازواجِ مطہرات کی اجازت سے حضرت بی بی عائشہ رضی اللہ عنہا کے حجرۂ مبارکہ میں تشریف فرما ہوئے۔[2] جب کمزوری بہت زیادہ بڑھ گئی تو آپ نے حکم دیا کہ حضرت ابو بکر صدیق رضی اللہ عنہ میرے مصلی پر نماز پڑھائیں۔ چنانچہ سترہ نمازیں حضرت ابو بکر صدیق رضی اللہ عنہ نے پڑھائیں۔[3] وفات سے تھوڑی دیر پہلے حضرت عائشہ رضی اللہ عنہ کے بھائی حضرت عبد الرحمن بن ابو بکر رضی اللہ عنہ تازہ مسواک ہاتھ میں لئے حاضر ہوئے۔ آپ نے ان کی طرف نظر جما کر دیکھا۔ حضرت عائشہ نے سمجھا کہ مسواک کی خواہش ہے۔ انہوں نے فوراً ہی مسواک لے کر اپنے دانتوں سے نرم کی اور دستِ اقدس میں دے دی آپ نے مسواک فرمائی۔[4] پیر کے دن، ربیع الاول کے مہینے میں آپ نے رحلت فرمائی۔ مشہور قول کے مطابق 12 ربیع الاوّل ہجرت کے گیارہویں سال آپ نے ظاہری طور پر اس دنیا سے پردہ فرمایا۔[5] آپ کے وصالِ ظاہری سے صحابۂ کرام کو بڑا صدمہ ہوا۔ آپ کی وصیت کے مطابق آپ

1. سبل الھدیٰ والرشاد، ابواب مرض رسولِ اللہ ووفاتہ، الباب الرابع۔۔۔الخ، 12/233 وسیرت مصطفےٰ، ص542
2. مواہب اللدنیۃ وشرح الزرقانی، الفصل الاول فی اتمامہ...الخ، 12/83 ملخصاً
3. مواہب اللدنیۃ وشرح الزرقانی، الفصل الاول فی...الخ، 12/108-110 ملتقطاو ملخصاً
4. مواہب اللدنیۃ وشرح الزرقانی، الفصل الاول فی اتمامہ...الخ، 12/95 ملخصاً
5. طبقات ابن سعد، ذکر کم مرض رسول، 2/208 وفتاوی رضویہ، 26/416

کے اہلِ بیت و اہلِ خاندان نے آپ کی تجہیز و تکفین کی خدمت انجام دی۔ آپ کا جنازۂ مبارکہ حجرہ شریف کے اندر ہی رہا۔[1] حضرت عباس رضی اللہ عنہ نے نبی علیہ السّلام کی نمازِ جنازہ ادا کرنے کی تفصیل یوں بیان فرمائی کہ جب اللہ کے آخری نبی صلَّی اللہ علیہ واٰلہٖ وسلَّم وصال فرما گئے تو مرد داخل ہوئے اور انہوں نے بغیر امام کے انفرادی طور پر صلوۃ و سلام پڑھا، پھر عورتیں داخل ہوئیں تو انہوں نے بھی آپ پر صلوۃ و سلام پڑھا۔ پھر بچے گئے انہوں نے بھی ایسے ہی کیا۔ پھر غلام گئے انہوں نے بھی آپ پر صلوۃ و سلام پڑھا۔ کسی نے بھی آپ پر امامت نہ کروائی۔ شروع میں صحابۂ کرام علیہمُ الرِّضوان میں اختلاف ہوا کہ آقا کریم صلَّی اللہ علیہ واٰلہٖ وسلَّم کو کہاں دفن کیا جائے، اس موقع پر حضرت ابو بکر صدیق رضی اللہ عنہ نے فرمایا کہ میں نے رسولِ خدا صلَّی اللہ علیہ واٰلہٖ وسلَّم سے یہ سنا ہے کہ ہر نبی اپنی وفات کے بعد اسی جگہ دفن کیا جاتا ہے جس جگہ اس کی وفات ہوئی ہو۔ اس حدیث کو سن کر لوگوں نے اسی جگہ (حجرۂ عائشہ) میں آپ کی قبر تیار کی اور آپ اسی میں مدفون ہوئے۔ حضرت ابو طلحہ انصاری نے بغلی قبر شریف تیار کی، حضرت علی، حضرت فضل بن عباس، حضرت قثم بن عباس اور حضرت عباس رضی اللہ عنہم اجمعین نے جسمِ اقدس کو قبرِ منور میں اتارا۔[2]

1. مدارج النبوت، 2/437 ملخصاً
2. سنن ابن ماجہ، کتاب الجنائز، باب ذکر وفاتہ ودفنہ، 2/284-286، حدیث: 1628 ملتقطا

گیارہواں باب

شمائل اور فضائل کا بیان

Blessed Attributes and Appearance of the Holy Prophet

حلیہ مبارک

حضرت انس رَضِیَ اللہُ عَنْہ فرماتے ہیں کہ اللہ کے آخری نبی صلَّی اللہ علیہ واٰلہٖ وسلَّم کا جسمِ اطہر بہت نرم و نازک تھا، میں نے ریشمی کپڑے کو بھی آپ کے بدن سے زیادہ نرم و نازک نہیں دیکھا اور آپ کے جسمِ مبارک کی خوشبو سے زیادہ اچھی کوئی خوشبو نہیں سُونگھی۔[1] آپ کے خصائص میں سے ہے کہ آپ کا سایہ نہ تھا۔ سورج، چاند یا کسی بھی روشنی میں سایہ زمین پر نہیں پڑتا تھا۔[2]

آپ کے دونوں شانوں کے درمیان کبوتر کے انڈے کے برابر مُہرِ نبوت تھی۔

آپ کا قد مبارک درمیانہ تھا۔ آپ کا معجزہ تھا کہ جب الگ ہوتے تو درازی مائل درمیانہ قد والے ہوتے اور جب اوروں کے ساتھ چلتے یا بیٹھتے تو سب سے بلند دکھائی دیتے۔[3]

آپ کا سرِ انور بڑا تھا، مبارک زلفیں ہلکی گھنگریالی تھیں۔ آپ کا چہرۂ مبارک جمالِ الٰہی کا آئینہ تھا، یوں چمکتا جیسے چودھویں کا چاند، حضرت انس فرماتے ہیں: نبی علیہ الصّلوٰۃُ والسّلام کے چہرۂ مبارک کا رنگ نہ تو چونے کی طرح بالکل سفید تھا نہ ہی گندمی، بلکہ آپ سرخ و سفید اور چمکدار چہرے کے مالک تھے۔[4] آپ کے مبارک اَبرُو دراز اور باریک، دونوں ایسے تھیں کہ دور سے ملی ہوئی معلوم ہوتی تھیں۔ ان کے درمیان میں رگ

1. بخاری، کتاب المناقب، باب صفۃ النبی، 2/489، حدیث: 3561
2. شرح الزرقانی علی المواہب، الفصل الاول فی کمال خلقتہ۔۔۔ الخ، 5/524-525
3. شرح الزرقانی علی المواہب، الفصل الاول فی کمال خلقتہ وجمال صورتہ، 5/485
4. الشمائل المحمدیہ، باب ماجاء فی خلق رسول اللہ، ص 15

تھی جو غصہ کے وقت ابھر آتی تھی۔

مبارک آنکھیں بڑی بڑی اور قدرتی طور پر سرمگیں تھیں۔ [1] آنکھوں کا معجزہ تھا کہ جس طرح آپ سامنے والی چیزوں کو دیکھ لیا کرتے ایسے ہی اپنے سے پیچھے کی چیزیں بھی دیکھ لیا کرتے۔ آنکھوں کی طرح مبارک کان بھی معجزانہ شان والے تھے، آپ نے خود ارشاد فرمایا: میں ان چیزوں کو دیکھتا ہوں جن کو تم میں سے کوئی نہیں دیکھتا اور میں ان آوازوں کو سنتا ہوں جن کو تم میں سے کوئی نہیں سنتا۔ [2]

آپ کی پیشانی مبارک روشن اور کشادہ تھی۔ آپ کے مبارک رخسار نرم و نازک اور ہموار تھے، دندانِ اقدس کشادہ اور روشن تھے، جب آپ گفتگو فرماتے تو دونوں اگلے دانتوں کے درمیان سے نور نکلتا تھا، جب آپ اندھیرے میں مسکرا دیتے تو ہر طرف روشنی ہو جاتی۔ [3]

آپ کی مبارک زبان وحیِ الٰہی کی ترجمان اور فصاحت و بلاغت میں عالیشان۔ بڑے بڑے فصحا آپ کا کلام سنتے تو دنگ رہ جاتے۔ آپ کی مبارک آواز بہت خوبصورت، اس کا کمال تھا کہ خطبوں میں دور اور نزدیک والے سب یکساں اپنی اپنی جگہ پر آپ کا مقدس کلام سن لیا کرتے تھے۔ [4]

آپ کے مبارک ہاتھ بہت نرم و نازک اور گوشت سے بھرے ہوئے، جس شخص سے

[1] الشمائل المحمدیہ، باب ماجاء فی خلق رسول اللہ، ص19 تا21
[2] الخصائص الکبری للسیوطی، باب المعجزۃ والخصائص۔۔۔الخ، 1/104
[3] الشمائل المحمدیہ، باب ماجاء فی خلق رسول اللہ، ص21 تا26
[4] شرح الزرقانی علی المواھب، الفصل الاول فی کمال خلقتہ۔۔۔الخ، 5/444-445

آپ مصافحہ فرماتے وہ دن بھر ہاتھوں کو خوشبودار پاتا۔

آپ کے مبارک قدم چوڑے اور گوشت سے بھرے ہوئے، پاؤں کی نرمی اور نزاکت کا حال یہ تھا کہ پانی نہیں ٹھہر تا تھا۔[1] آپ چلنے میں بڑے وقار سے قدم شریف کو زمین پر رکھتے، جب چلتے تو یوں لگتا جیسے اوپر سے نیچے اتر رہے ہیں، ہر قدم جما کر رکھتے۔[2]

رسول اللہ محمد پسندیدہ غذائیں

اللہ کے آخری نبی صلَّی اللہ علیہ واٰلہٖ وسلَّم کی حیاتِ مبارکہ سادگی وزہد کا مکمل نمونہ تھی، اس لیے کبھی لذیذ غذاؤں کی طرف توجہ نہیں فرمائی، یہاں تک کہ زندگی بھر کبھی چپاتی تناول نہ فرمائی۔ اس کے باوجود آپ غذا کے بارے میں بڑے نفیس مزاج کے مالک تھے۔ عرب میں ایک کھانا جو گھی، پنیر اور کھجور ملا کر پکایا جاتا ہے، اسے ”حیس“ کہتے ہیں، اسے آپ بڑی رغبت سے تناول فرماتے۔[3]

سالنوں میں آپ کو گوشت، سرکہ، شہد، روغنِ زیتون اور کدو شریف خصوصیت کے ساتھ مرغوب تھے۔ کھجور اور ستو بھی بکثرت تناول فرماتے۔ آپ کو ٹھنڈا میٹھا پانی بہت مرغوب تھا، دودھ میں کبھی پانی ملا (کچی لسی بنا) کر اور کبھی خالص دودھ نوش فرماتے، آپ جو کچھ بھی نوش فرماتے تین سانس میں نوش فرماتے۔[4]

---

[1] الشمائل المحمدیۃ، باب ماجاء فی خلق رسول اللہ، ص 21

[2] الشمائل المحمدیۃ، باب ماجاء فی خلق رسول اللہ، ص86

[3] سنن کبری للنسائی، 2/114 حدیث:2631

[4] رسول کریم صلَّی اللہ علیہ واٰلہٖ وسلَّم کی غذاؤں سے متعلق مزید تفصیل کے لئے ”ماہنامہ فیضانِ مدینہ (ربیع الاول 1440ھ)“ کے مضمون ”پیارے آقا صلَّی اللہ علیہ واٰلہٖ وسلَّم کی پیاری غذائیں“ کا مطالعہ فرمائیں۔

پسندیدہ لباس

اللہ کے آخری نبی صلّی اللہ علیہ واٰلہٖ وسلّم زیادہ تر سوتی لباس زیبِ تن فرماتے، کسی خاص لباس کی پابندی نہیں فرماتے تھے۔ جُبّہ[1] (Gown)، قَبا[2]، پیرہن[3]، تہبند[4]، حلہ، چادر، عمامہ، ٹوپی، موزہ[5] ان سب کو آپ نے شرف بخشا اور زیب تن فرمایا ہے۔ رنگوں میں سفید کپڑا آپ کو زیادہ پسند تھا، ایک روایت کے مطابق سبز رنگ بھی آپ کو بہت پسند تھا۔

مبارک سواریاں

رَسُولُ اللہ صلّی اللہ علیہ واٰلہٖ وسلّم کو گھوڑے کی سواری بہت پسند تھی۔ اس کے علاوہ آپ نے اونٹ، خچر اور دراز گوش پر بھی سواری فرمائی ہے۔[6]

عادات واخلاقِ مبارکہ

حُسنِ صورت کے ساتھ حُسنِ سیرت میں بھی آپ بے مثل و بے مثال تھے۔ آپ کمزوروں کی مدد فرمانے والے تھے، اپنوں تو کیا دشمنوں پر بھی نرمی فرماتے،

1. ایک طرح کا ڈھیلا کوٹ جس کی آستین کلائی سے اوپر رہتی ہے، اس کی لمبائی گریبان سے پاؤں تک ہوتی ہے۔ عموماً علماء یہ لباس استعمال کرتے ہیں۔
2. ایک کوٹ نما لباس جو آگے سے کھلا ہوتا ہے اور لباس کے اوپر پہنا جاتا ہے۔
3. اس سے مراد کرتا و پوشاک ہے۔
4. اس سے مراد دھوتی ہے یعنی وہ کپڑا جو پاجانے کی جگہ باندھا جاتا ہے، ہمارے ہاں دیہات میں استعمال کی جاتی ہیں۔
5. یہاں چمڑے کے موزے مراد ہیں۔
6. رسول کریم صلّی اللہ علیہ واٰلہٖ وسلّم کی سواریوں سے متعلق مزید تفصیل کے لئے "ماہنامہ فیضانِ مدینہ (ربیع الاول 1440ھ)" کے مضمون "رسول اللہ صلّی اللہ علیہ واٰلہٖ وسلّم کی سواریاں" کا مطالعہ فرمائیں۔

عاجزی و انکساری فرمانے والے، اپنی ذات کیلئے نہ غصہ کرتے نہ انتقام لیتے، مریضوں کی عیادت فرماتے، غمزدوں کی غمخواری فرماتے، امیر ہو یا غریب سب سے یکساں برتاؤ فرماتے، سب کی دعوت قبول فرماتے، اپنا کام اپنے ہاتھ سے کرنا پسند فرماتے، تمام جہان میں سب سے بڑھ کر عادل اور پاک دامن تھے۔ آپ ٹھہر ٹھہر کر بڑے وقار سے گفتگو فرماتے، گفتگو میں اتنی روانی اور نکھار ہوتا کہ کوئی جملے گننا چاہتا تو گن سکتا تھا۔ آپ بڑے حیادار تھے، آپ کی امانت و صداقت کے دشمن بھی معترف تھے۔ آپ کے اخلاق اتنے عالیشان تھے کہ خود ربِّ کریم نے ارشاد فرمایا:

وَ اِنَّكَ لَعَلٰى خُلُقٍ عَظِیْمٍ ﴿۴﴾ [1]

ترجمۂ کنزُ الاِیمان: اور بیشک تم یقیناً عظیم اخلاق پر ہو۔

فضائل و خصائص

تمام انبیا میں سب سے بڑا مرتبہ اللہ کے آخری نبی صلَّی اللہ علیہ واٰلہٖ وسلَّم کا ہے۔ قرآن و حدیث میں آپ کے بے شمار فضائل و خصائص بیان ہوئے ہیں، آیئے ان میں سے چند ملاحظہ کیجئے:

❁ دیگر انبیائے کرام کسی خاص قوم کی طرف بھیجے جاتے، آپ تمام مخلوق انسان و جن، بلکہ ملائکہ، حیوانات، جمادات (بے جان اشیا) سب کی طرف مبعوث ہوئے۔ ❁ جس طرح انسان پر آپ کی اِطاعت فرض ہے اسی طرح ہر مخلوق پر آپ کی فرمانبرداری ضروری ہے۔ ❁ آپ فرشتوں، انسانوں، جنات، حُور و غلمان، حیوانات و جمادات، غرض تمام جہان کیلئے رحمت ہیں، مسلمانوں پر تو نہایت ہی مہربان ہیں۔

[1] پ29، القلم، آیۃ:4

❁ نبی علیہ السّلام خاتم النبیین ہیں، یعنی اللہ کریم نے سلسلہ نبوّت آپ پر ختم کر دیا، آپ کے زمانہ میں یا بعد کوئی نبی نہیں ہو سکتا، جو آپ کے زمانہ میں یا آپ کے بعد کسی کو نبوّت ملنا مانے یا جائز جانے وہ کافر ہے۔ ❁ آپ تمام مخلوقِ الٰہی میں سب سے افضل ہیں۔ اوروں کو فرداً فرداً (یعنی ایک ایک کرکے) جو کمالات عطا ہوئے آپ میں وہ سب جمع کر دیئے گئے، اِن کے علاوہ آپ کو وہ کمالات بھی ملے جن میں کسی کا حصہ نہیں۔ بلکہ اوروں کو جو کچھ مِلا حضور عَلَیْہِ السَّلَام کے صدقے بلکہ آپ کے ہاتھوں سے ملا۔ ❁ آپ کے خصائص میں سے معراج ہے، جب آپ مسجدِ حرام سے مسجدِ اقصیٰ تک اور وہاں سے ساتوں آسمان اور کُرسی و عرش تک، بلکہ عرش سے بھی اوپر رات کے تھوڑے سے حصے میں جسمانی حالت میں تشریف لے گئے۔ وہاں وہ قربِ خاص حاصل ہوا کہ کسی انسان و فرشتے کو کبھی نہ حاصل ہوا ہے نہ ہو گا، جمالِ الٰہی سر کی آنکھوں سے دیکھا، کلامِ الٰہی بلاواسطہ سنا اور آسمان و زمین کے ذرّے ذرّے کو ملاحظہ فرمایا۔ ❁ آپ کی محبت مدارِ ایمان، بلکہ ایمان اِسی محبت ہی کا نام ہے، جب تک آپ کی محبت ماں باپ اولاد اور تمام جہان سے زیادہ نہ ہو آدمی مسلمان نہیں ہو سکتا۔ ❁ آپ کی اِطاعت عین اطاعتِ الٰہی ہے، بلکہ اللہ پاک کی اطاعت سرکار عَلَیْہِ السَّلَام کی اطاعت کے بغیر ناممکن ہے۔ یہاں تک کہ آدمی اگر فرض نماز میں ہو اور آپ اُسے یاد فرمائیں، فوراً جواب دے اور حاضرِ خدمت ہو، یہ شخص کتنی ہی دیر تک نبی عَلَیْہِ السَّلَام سے کلام کرے، بدستور نماز میں ہے، اِس سے نماز میں کوئی خلل نہیں۔ ❁ آپ کی تعظیم و توقیر جس طرح اُس وقت تھی کہ آپ اِس عالم میں ظاہری نگاہوں کے سامنے

تشریف فرماتھے، اب بھی اُسی طرح فرضِ اعظم ہے۔ جب آپ کا ذکر آئے تو بکمالِ خشوع و خضوع و انکسار باادب سُنے اور نامِ پاک سُنتے ہی درود شریف پڑھنا واجب ہے۔[1] اللہ کریم نے آپ کو بے شمار معجزات عطا فرمائے۔ چاند کے دو ٹکڑے کر دینا، ڈوبا سورج پلٹا دینا، لکڑیوں کو بلب کی مانند روشن کر دینا، لعابِ دہن (یعنی تھوک مبارک) سے کھاری کنوؤں کو میٹھا کر دینا، دور دراز کے افراد کی امداد کرنا، انگلیوں سے پانی کے چشمے بہادینا، اشارے پر بارش کا برسنا، شجر و حجر سے کلام فرمانا، تھوڑا سا کھانا اور دودھ کثیر جماعت کیلئے پورا کر دینا، درختوں کا چل کر آپ کی سلامی کیلئے آنا اور جانوروں کا انسانی بولی بولنا سمیت آپ کے کثیر معجزات ہیں۔ قرآنِ پاک بھی آپ کے معجزات میں سے ہے۔

قرآنی آیات اور شانِ مصطفےٰ

اللہ کے آخری نبی صلَّی اللہ علیہ واٰلہٖ وسلَّم کے فضائل کا ایک روشن باب یہ بھی ہے کہ خود اللہ ربِّ العالمین نے آپ کی عظمت و شان قرآنِ پاک میں کئی مقامات پر بیان فرمائی ہے۔ چند آیات[2] ملاحظہ فرمائیں:

بارگاہِ رسالت میں حاضر ہو کر گناہوں کی معافی چاہنے کا حکم

وَلَوْ اَنَّهُمْ اِذْ ظَّلَمُوْۤا اَنْفُسَهُمْ جَآءُوْكَ فَاسْتَغْفَرُوا اللّٰهَ وَ اسْتَغْفَرَ لَهُمُ الرَّسُوْلُ لَوَجَدُوا اللّٰهَ تَوَّابًا رَّحِیْمًا ﴿۶۴﴾ (پ5، النساء:64)

ترجمہ: اور اگر جب وہ اپنی جانوں پر ظلم کر بیٹھے تھے تو اے حبیب! تمہاری بارگاہ میں حاضر ہو جاتے

1 بہار شریعت، 1/ 76، حصہ 1:
2 تمام آیات کا ترجمہ کنز العرفان سے لیا گیا ہے۔

پھر اللہ سے معافی مانگتے اور رسول (بھی) ان کی مغفرت کی دعا فرماتے تو ضرور اللہ کو بہت توبہ قبول کرنے والا، مہربان پاتے۔

آمدِ مصطفٰی کی خوشخبری اور ان پر ایمان لانے کا حکم

یٰۤاَیُّهَا النَّاسُ قَدْ جَآءَكُمُ الرَّسُوْلُ بِالْحَقِّ مِنْ رَّبِّكُمْ فَاٰمِنُوْا خَیْرًا لَّكُمْؕ (پ6، النساء:170)

ترجمہ: اے لوگو! تمہارے رب کی طرف سے تمہارے پاس یہ رسول حق کے ساتھ تشریف لائے تو ایمان لاؤ، تمہارے لئے بہتر ہوگا۔

نبیِّ کریم صلَّی اللہ علیہ واٰلہٖ وسلَّم کی شان و عظمت کا بیان

یٰۤاَهْلَ الْكِتٰبِ قَدْ جَآءَكُمْ رَسُوْلُنَا یُبَیِّنُ لَكُمْ كَثِیْرًا مِّمَّا كُنْتُمْ تُخْفُوْنَ مِنَ الْكِتٰبِ وَ یَعْفُوْا عَنْ كَثِیْرٍ۬ؕ قَدْ جَآءَكُمْ مِّنَ اللّٰهِ نُوْرٌ وَّ كِتٰبٌ مُّبِیْنٌۙ(۱۵) (پ6، المائدہ:15)

ترجمہ: اے اہلِ کتاب! بیشک تمہارے پاس ہمارے رسول تشریف لائے، وہ تم پر بہت سی وہ چیزیں ظاہر فرماتے ہیں جو تم نے (اللہ کی) کتاب سے چھپا ڈالی تھیں اور بہت سی معاف فرمادیتے ہیں، بیشک تمہارے پاس اللہ کی طرف سے ایک نور آگیا اور ایک روشن کتاب۔

رسولِ کریم صلَّی اللہ علیہ واٰلہٖ وسلَّم کے اوصاف اور امت پر شفقت کا بیان

لَقَدْ جَآءَكُمْ رَسُوْلٌ مِّنْ اَنْفُسِكُمْ عَزِیْزٌ عَلَیْهِ مَا عَنِتُّمْ حَرِیْصٌ عَلَیْكُمْ بِالْمُؤْمِنِیْنَ رَءُوْفٌ رَّحِیْمٌ(۱۲۸) (پ11، التوبہ:128)

ترجمہ: بیشک تمہارے پاس تم میں سے وہ عظیم رسول تشریف لے آئے جن پر تمہارا مشقت میں پڑنا بہت بھاری گزرتا ہے، وہ تمہاری بھلائی کے نہایت چاہنے والے، مسلمانوں پر بہت مہربان، رحمت فرمانے والے ہیں۔

نبی کریم صلّی اللہ علیہ والہٖ وسلّم کے مسجد حرام سے مسجد اقصٰی تک معراج کا بیان

سُبۡحٰنَ الَّذِیۡۤ اَسۡرٰی بِعَبۡدِہٖ لَیۡلًا مِّنَ الۡمَسۡجِدِ الۡحَرَامِ اِلَی الۡمَسۡجِدِ الۡاَقۡصَا
الَّذِیۡ بٰرَکۡنَا حَوۡلَہٗ لِنُرِیَہٗ مِنۡ اٰیٰتِنَا ؕ اِنَّہٗ ہُوَ السَّمِیۡعُ الۡبَصِیۡرُ ۝۱ (پ15، بنی اسرائل:1)

ترجمہ: پاک ہے وہ ذات جس نے اپنے خاص بندے کو رات کے کچھ حصے میں مسجد حرام سے مسجد اقصٰی تک سیر کرائی جس کے ارد گرد ہم نے برکتیں رکھی ہیں تا کہ ہم اسے اپنی عظیم نشانیاں دکھائیں، بیشک وہی سننے والا، دیکھنے والا ہے۔

نبی علیہ السّلام کی شانِ رحمت کا بیان

وَ مَاۤ اَرۡسَلۡنٰکَ اِلَّا رَحۡمَۃً لِّلۡعٰلَمِیۡنَ ۝۱۰۷ (پ17، الانبیآء:107)

ترجمہ: اور ہم نے تمہیں تمام جہانوں کیلئے رحمت بنا کر ہی بھیجا۔

نبی علیہ السّلام کی رسالتِ عامّہ کا بیان

وَ مَاۤ اَرۡسَلۡنٰکَ اِلَّا کَآفَّۃً لِّلنَّاسِ بَشِیۡرًا وَّ نَذِیۡرًا وَّ لٰکِنَّ اَکۡثَرَ النَّاسِ
لَا یَعۡلَمُوۡنَ ۝۲۸ (پ22، سبا:28)

ترجمہ: اور اے محبوب! ہم نے آپ کو تمام لوگوں کیلئے خوشخبری دینے والا اور ڈر سنانے والا بنا کر بھیجا ہے لیکن بہت لوگ نہیں جانتے۔

اللہ پاک اور فرشتوں کا نبی علیہ السّلام پر دُرود اور مسلمانوں کو درود و سلام کا حکم

اِنَّ اللّٰہَ وَ مَلٰٓئِکَتَہٗ یُصَلُّوۡنَ عَلَی النَّبِیِّ ؕ یٰۤاَیُّہَا الَّذِیۡنَ اٰمَنُوۡا صَلُّوۡا عَلَیۡہِ
وَ سَلِّمُوۡا تَسۡلِیۡمًا ۝۵۶ (پ22، الاحزاب:56)

ترجمہ: بیشک اللہ اور اس کے فرشتے نبی پر درود بھیجتے ہیں۔ اے ایمان والو! ان پر درود اور خوب

سلام بھیجو۔

رسولِ کریم صلّی اللہ علیہ والہٖ وسلّم کی شان و عظمت کا بیان

وَالنَّجْمِ اِذَا هَوٰى ۙ﴿۱﴾ مَا ضَلَّ صَاحِبُكُمْ وَمَا غَوٰى ۚ﴿۲﴾ وَمَا يَنْطِقُ عَنِ الْهَوٰى ۚ﴿۳﴾ اِنْ هُوَ اِلَّا وَحْيٌ يُّوْحٰى ۙ﴿۴﴾ (پ27، النجم:1-4)

ترجمہ: تارے کی قسم، جب وہ اترے۔ تمہارے صاحب نہ بہکے اور نہ ٹیڑھا راستہ چلے۔ اور وہ کوئی بات خواہش سے نہیں کہتے۔ وہ وحی ہی ہوتی ہے جو انہیں کی جاتی ہے۔

قسموں کے ساتھ آپ کی شان کا بیان

وَالضُّحٰى ۙ﴿۱﴾ وَالَّيْلِ اِذَا سَجٰى ۙ﴿۲﴾ مَا وَدَّعَكَ رَبُّكَ وَمَا قَلٰى ؕ﴿۳﴾ وَلَلْاٰخِرَةُ خَيْرٌ لَّكَ مِنَ الْاُوْلٰى ؕ﴿۴﴾ وَلَسَوْفَ يُعْطِيْكَ رَبُّكَ فَتَرْضٰى ؕ﴿۵﴾ (پ30، الضحیٰ:1-5)

ترجمہ: چڑھتے دن کے وقت کی قسم۔ اور رات کی جب وہ ڈھانپ دے۔ تمہارے رب نے نہ تمہیں چھوڑا اور نہ ناپسند کیا۔ اور بیشک تمہارے لئے ہر پچھلی گھڑی پہلی سے بہتر ہے۔ اور بیشک قریب ہے کہ تمہارا رب تمہیں اتنا دے گا کہ تم راضی ہو جاؤ گے۔

رسولِ کریم صلّی اللہ علیہ والہٖ وسلّم پر انعامِ الٰہی کا بیان

وَرَفَعْنَا لَكَ ذِكْرَكَ ؕ﴿۴﴾ (پ30، الم نشرح:4)

ترجمہ: اور ہم نے تمہاری خاطر تمہارا ذکر بلند کر دیا۔

آپ کو عطائے کوثر کا بیان

اِنَّاۤ اَعْطَيْنٰكَ الْكَوْثَرَ ؕ﴿۱﴾ (پ30، الکوثر:1)

ترجمہ: اے محبوب! بیشک ہم نے تمہیں بے شمار خوبیاں عطا فرمائیں۔

شانِ مصطفٰے احادیث کی روشنی میں

احادیثِ مبارکہ میں بھی کئی مقامات پر اللہ کے آخری نبی صلَّی اللہ علیہ واٰلہٖ وسلَّم نے خود اپنے فضائل بیان فرمائے ہیں۔ چند ایسی احادیث ملاحظہ فرمائیے:

تمام بنی آدم کے سردار

اللہ کے آخری نبی صلَّی اللہ علیہ واٰلہٖ وسلَّم نے ارشاد فرمایا: أَنَا سَيِّدُ وَلَدِ آدَمَ يَوْمَ الْقِيَامَةِ وَلَا فَخْرَ وَبِيَدِي لِوَاءُ الْحَمْدِ وَلَا فَخْرَ وَمَا مِنْ نَبِيٍّ يَوْمَئِذٍ آدَمُ فَمَنْ سِوَاهُ إِلَّا تَحْتَ لِوَائِي [1]

میں روزِ قیامت تمام آدمیوں کا سردار ہوں، اور اس پر کوئی فخر نہیں ہے، میرے ہاتھ میں لوائے حمد کا پرچم ہوگا، اور اس پر کوئی فخر نہیں ہے۔ قیامت کے دن (حضرت) آدم اور ان کے سوا جتنے ہیں سب میرے پرچم تلے ہوں گے۔

پانچ خصوصیاتِ مصطفٰے

اللہ کے آخری نبی صلَّی اللہ علیہ واٰلہٖ وسلَّم نے ارشاد فرمایا: مجھے پانچ ایسی چیزیں عطا کی گئی ہیں جو مجھ سے پہلے کسی کو نہیں دی گئیں: (۱) ایک ماہ کی مسافت کے رعب کے ذریعے میری مدد کی گئی (۲) میرے لئے مالِ غنیمت حلال کیا گیا حالانکہ مجھ سے پہلے وہ کسی کے لئے حلال نہیں تھا (۳) میرے لئے تمام زمین کو سجدہ گاہ اور مٹی کو پاک بنایا گیا

[1] ترمذی، کتاب المناقب، باب ماجاء فی فضل النبی، ۵/ ۳۴۵، الحدیث: ۳۶۳۵

لہٰذا میرے کسی امتی کو نماز کا وقت ہو جائے تو وہیں نماز پڑھ لے (۴) مجھے منصبِ شفاعت عطا کیا گیا (۵) ہر نبی کو ایک خاص قوم کی طرف مبعوث کیا گیا جبکہ مجھے تمام لوگوں کی طرف بھیجا گیا۔[1]

اوّلُ الْاَنْبِیاء

حَضرتِ اَبُوہُرَیرہ رَضِیَ اللّٰہُ عَنْہُ فرماتے ہیں کہ ایک بار صحابۂ کرام عَلَیْہِمُ الرِّضْوَان نے بارگاہِ رِسالت میں عَرض کی کہ یَا رَسُولَ اللّٰہ! یہ اِرْشاد فرمایئے کہ آپ کو شَرَفِ نبوّت سے کب سرفراز فرمایا گیا؟ تو آپ نے ارشاد فرمایا کہ: میں اس وقت بھی نبی تھا جب کہ آدم کی تخلیق ابھی جسم اور روح کے مرحلے میں تھی۔[2]

شانِ مصطفٰے بزبانِ عمر

صحابیِ رسول، حضرت عمر رَضِیَ اللّٰہُ عَنْہ نے ایک بار روتے ہوئے اللہ کے آخری نبی صلَّی اللہ علیہ واٰلہٖ وسلَّم کی شان بیان فرمائی۔ آپ کی اس حسین گفتگو کے چند اقتباسات ملاحظہ فرمائیں:

یَا رَسُولَ اللّٰہ! میرے ماں باپ آپ پر قربان! پہلے آپ کھجور کے ایک تنے پر خطبہ ارشاد فرماتے، لوگوں کی کثرت کی وجہ سے پھر آپ منبر پر خطبہ دینے لگے، کھجور کا وہ تنا آپ کی جدائی میں رویا یہاں تک آپ نے اپنا دستِ شفقت اس پر رکھا تو اسے قرار آیا۔ آپ کی جدائی پہ آپ کی امت رونے کا زیادہ حق رکھتی ہے۔

یَارَسُولَ اللّٰہ! میرے ماں باپ آپ پر قربان! آپ کے رب کے ہاں آپ کا مقام اتنا

1. مسلم، کتاب المساجد و مواضع الصلاۃ، ص ۲۶۵، حدیث: ۵۲۲
2. ترمذی، کتاب المناقب، باب ماجاء فی فضل النبی، ۵ / ۳۵۱، الحدیث: ۳۶۲۹

بلند ہے کہ اس نے آپ کی اطاعت کو اپنی اطاعت قرار دیا ہے، چنانچہ ارشاد فرمایا:

مَنْ یُّطِعِ الرَّسُوْلَ فَقَدْ اَطَاعَ اللّٰهَۚ (پ5، النساء، آیۃ:80)

ترجمہ: جس نے رسول کی اطاعت کی اس نے اللہ کی اطاعت کی

یَا رَسُوْلَ اللّٰه! **میرے ماں باپ آپ پر قربان! آپ کے رب کے ہاں آپ کا مقام اتنا بلند ہے کہ اس نے سب انبیا کے بعد آپ کو بھیجا مگر آپ کا ذکر سب انبیا سے پہلے فرمایا، چنانچہ ارشاد ہوتا ہے:**

وَ اِذْ اَخَذْنَا مِنَ النَّبِیّٖنَ مِیْثَاقَهُمْ وَ مِنْكَ وَ مِنْ نُّوْحٍ وَّ اِبْرٰهِیْمَ وَ مُوْسٰى وَ عِیْسَى ابْنِ مَرْیَمَ۪ وَ اَخَذْنَا مِنْهُمْ مِّیْثَاقًا غَلِیْظًاۙ(۷) (پ21، الاحزاب، آیۃ:7)

ترجمہ: اور اے محبوب! یاد کرو جب ہم نے نبیوں سے اُن کا عہد لیا اور تم سے اور نوح اور ابراہیم اور موسیٰ اور عیسیٰ بن مریم سے (عہد لیا) اور ہم نے ان (سب) سے بڑا مضبوط عہد لیا۔

یَا رَسُوْلَ اللّٰه! **میرے ماں باپ آپ پر فدا ہوں! اللہ پاک نے حضرت موسی علیہ السّلام کو یہ معجزہ دیا کہ پتھر (پر عصا مارنے) سے چشمے بہہ نکلے، لیکن اس سے بڑھ کر حیرت انگیز بات یہ ہے کہ آپ کی مبارک انگلیوں سے پانی کے چشمے جاری ہوئے۔**

یَا رَسُوْلَ اللّٰه! **میرے ماں باپ آپ پر قربان! اللہ پاک نے حضرت سلیمان علیہ السّلام کو ہوا پر ایسا قابو دیا تھا کہ اس کا صبح کا چلنا ایک مہینہ کی راہ اور شام کا چلنا بھی ایک مہینے کی راہ کے برابر ہوتا تھا، لیکن اس سے بھی بڑھ کر تعجب خیز آپ کی سواری براق ہے جس پر سوار ہو کر آپ ساتوں آسمانوں کی سیر کر آئے اور اسی رات فجر کی نماز مکہ میں آکر ادا فرمائی۔**

یَا رَسُوْلَ اللّٰه! **میرے ماں باپ آپ پر قربان! اللہ پاک نے حضرت عیسیٰ کو**

مردے زندہ کرنے کا معجزہ عطا فرمایا لیکن اس سے بڑھ کر حیرت انگیز بات یہ ہے کہ بکری بھنے ہوئے زہریلے گوشت نے آپ سے کلام کیا اور کہنے لگا: مجھے مت کھائیں کہ مجھ میں زہر ملا ہوا ہے۔

یَا رَسُوْلَ اللہ! میرے ماں باپ آپ پر قربان! حضرت نوح نے اپنی قوم کی ہلاکت کیلئے دعا کی اور فرمایا:

رَّبِّ لَا تَذَرْ عَلَى الْاَرْضِ مِنَ الْكٰفِرِيْنَ دَيَّارًا ﴿۲۶﴾ (پ29، نوح، آیۃ:26)

ترجمہ: اے میرے رب زمین پر کافروں میں سے کوئی بسنے والا نہ چھوڑ

اگر آپ بھی اسی طرح دعا کرتے تو ہم تباہ و برباد ہو جاتے، لیکن آپ کی شفقت ہے کہ آپ کو ستایا گیا، تکالیف دی گئیں، آپ کو زخمی کیا گیا تب بھی آپ نے خیر کے سوا کچھ نہ کہا، آپ کی قوم نے جب بھی تکلیف پہنچائی آپ کی زبان مبارک سے یہی الفاظ ادا ہوئے: اَللّٰهُمَّ اغْفِرْ لِقَوْمِیْ فَاِنَّهُمْ لَا يَعْلَمُوْنَ **اے اللہ! میری قوم کو معاف فرما کہ وہ مجھے نہیں جانتے۔**

یَا رَسُوْلَ اللہ! میرے ماں باپ آپ پر قربان! اعلانِ نبوت کے بعد تھوڑے ہی عرصے میں لوگ آپ پر ایمان لے آئے اور آپ کی پیروی کرنے لگے، جبکہ حضرت نوح کے ساتھ ایسا نہ ہوا حالانکہ انہوں نے لمبی عمر بھی پائی اور کافی عرصہ تبلیغ بھی فرمائی، آپ کی زندگی میں ہی کثیر لوگ آپ پر ایمان لے آئے جبکہ حضرت نوح پر ایمان لانے والوں کی تعداد بہت کم ہے۔[1]

[1] المدخل لابن الحاج المالکی، 3/ 173-174 ملتقطاً و ملخصاً

بارھواں باب

خاندان و متعلقینِ مصطفیٰ

Family And Associates of the Holy Prophet

خاندانِ مصطفیٰ [1]

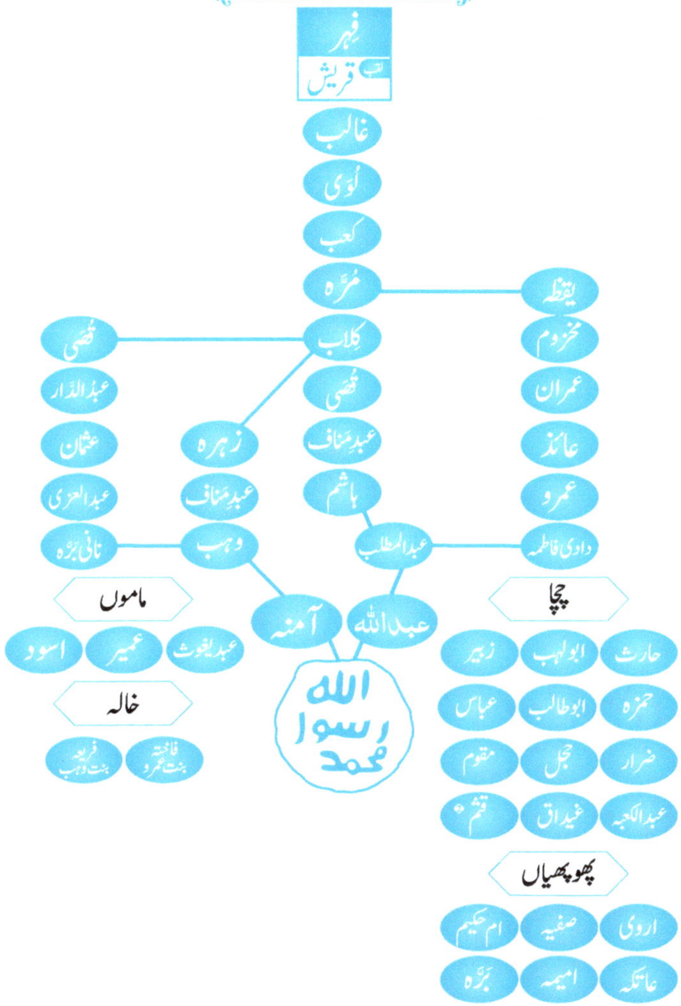

1 خاندانِ مصطفیٰ کا یہ نقشہ "السیرۃ النبویہ لابن ہشام جلد 1، المواہب اللدنیہ جلد 1، سبل الہدیٰ والرشاد جلد 1، شرح الزرقانی علی المواہب جلد 4" کے مختلف صفحات کی مدد سے تیار کیا گیا ہے۔

2 حضور صلَّی اللہ علیہ والہٖ وسلَّم کے چچاؤں کی تعداد میں اختلاف ہے ہم نے تمام نام ذکر کر دیئے ہیں شروع کے 9 ناموں پر سیرت نگاروں کا اتفاق ہے جبکہ آخری 3 نام صاحب مواہب اللدنیہ نے "ذخائر العقبیٰ فی مناقب ذوی القربیٰ" کے حوالے سے ذکر فرمائے ہیں۔

رسولُ اللہ صلی اللہ علیہ والہٖ وسلم کے رضاعی رشتے دار [1]

الله
رسول
محمد

رضاعی والد

حارث بن عبد العزی

رضاعی بھائی

حضرت حمزہ
(چچا بھی رضاعی بھائی بھی)

ابو سفیان بن حارث
آپ کے چچازاد بھائی آغاز میں اسلام کے مخالف بعد میں اسلام قبول کر لیا

ابو سلمہ بن عبد الاسد
ابتدائی مسلمانوں میں سے ہیں بی بی ثویبہ نے حضور اکرم کے ساتھ حضرت حمزہ اور ابو سلمہ کو بھی دودھ پلایا تھا

مسروح بن ثویبہ
حضور کی رضاعی والدہ ثویبہ کے بیٹے

حفص بن حارث
سیدہ حلیمہ کے بیٹے عبد اللہ بن حارث بعض نے ان کا نام ضمرہ لکھا ہے

رضاعی بہنیں

انیسہ بنت حارث
بی بی حلیمہ کی بیٹی

شیماء بنت حارث
بی بی حلیمہ کی بیٹی حضور کے بچپن میں آپ کا بہت خیال رکھا کرتی تھیں آپ کے پاس آئیں تو حضور نے ان کے لئے چادر بچھائی تحائف دے کر رخصت فرمایا

رضاعی مائیں

والدہ بی بی آمنہ
آپ کی والدہ بی بی آمنہ نے سات دن دودھ پلایا

حلیمہ سعدیہ
حضور نے ایام رضاعت سب سے زیادہ ان کے ہاں گزارے اور بچپن بھی، جب یہ آپ کی بارگاہ میں آئیں تو آپ نے ان کے لئے اپنی چادر بچھائی

ام فروہ
بنو سعد کی ایک خاتون
حضرت حمزہ نے بھی ان کا دودھ پیا اسی ناطے وہ آپ کے رضاعی بھائی بھی ہیں اور چچا بھی

بی بی ثویبہ
یہ ابولہب کی کنیز تھیں آپ اور سیدہ خدیجہ ان کا بہت احترام فرماتے اور مدینہ منورہ سے بھی آپ ان طرف کپڑے وغیرہ بھیجا کرتے تھے

بنو سلیم کی دو خواتین
جب حضور کو بنو سعد لے جایا جا رہا تھا تب ان خواتین نے آپ کو دودھ پلایا تھا

---

[1] نبیِّ کریم صلَّی اللہ علیہ والہٖ وسلَّم کے رضاعی رشتہ داروں سے متعلق یہ معلومات "السیرۃ النبویہ لابن ہشام جلد 1، المواہب اللدنیہ جلد 1، سبل الہدیٰ والرشاد جلد 1،" کے مختلف صفحات سے لی گئی ہیں۔

امہات المؤمنین [1]

نام مبارک	نبی پاک سے نکاح	عمر بوقتِ نکاح	نبی پاک کے ساتھ گزارے	عمر بوقت وصال
سیدہ خدیجہ بنت خویلد	28سال قبل ہجرت	40سال	25سال	65سال
سیدہ سودہ بنت زمعہ	3قبل ہجرت	---	14سال	----
سیدہ عائشہ بنت ابوبکر صدیق	نکاح 2قبل ہجرت رخصتی 1ھ	نکاح کے وقت 6سال رخصتی کے وقت 9سال	10سال	65سال
سیدہ حفصہ بنت عمر فاروق	3ہجری	21سال	8سال	63سال
سیدہ زینب بنت خزیمہ	3ہجری	29سال	8ماہ	30سال
سیدہ ام سلمہ بنت ابوامیہ	4ہجری	28سال	7سال	85سال
سیدہ زینب بنت جحش	5ہجری	37سال	6سال	53سال
سیدہ ام حبیبہ بنت ابوسفیان	6ہجری	32سال	5سال	69سال
سیدہ جویریہ بنت حارث	5ہجری	19سال	6سال	70سال
سیدہ میمونہ بنت حارث [2]	7ہجری	36سال	4سال	80سال
سیدہ صفیہ بنت حیی	7ہجری	16سال	4سال	59سال

اولادِ اطہار

اسم شریف	ولادت	شوہر	اولاد	تاریخ وصال	عمر بوقت وصال
سیدنا قاسم	–	–	–	–	–
سیدہ زینب	30ولادت [3]	ابوالعاص بن ربیع	بیٹا علی بیٹی امامہ	8ہجری	31سال
سیدہ رقیہ	33ولادت	پہلا عتبہ بن ابولہب دوسرے عثمان غنی	بیٹا عبداللہ	رمضان 2ھ	22سال
سیدہ ام کلثوم	34ولادت	پہلا عتیبہ بن ابولہب دوسرے عثمان غنی	کوئی نہیں	رمضان 9ہجری	28سال
سیدہ فاطمہ	35ولادت	علی المرتضیٰ	بیٹے حسن حسین محسن بیٹیاں زینب، ام کلثوم، رقیہ	3رمضان 11ہجری	29سال
سیدنا عبداللہ	بعدِ اعلانِ نبوت	–	–	4نبوت	بچپن میں
سیدنا ابراہیم [4]	ذوالحجہ 8ہجری	–	–	10ربیع الاول 10ہجری	17یا18ماہ

[1] یہ معلومات "شرح الزرقانی علی المواہب جلد 4، اسد الغابہ جلد 7، سبل الہدیٰ والرشاد جلد 4 اور المختصر الکبیر فی سیرۃ الرسول" سے لی گئی ہیں۔

[2] بی بی جویریہ اور بی بی میمونہ دونوں کا اصل نام برّہ تھا حضور اکرم صلی اللہ علیہ والہٖ وسلّم نے یہ نام تبدیل فرمادیئے۔ ان دونوں کے والد کا نام بھی حارث ہے مگر یہ دونوں الگ الگ شخصیات ہیں۔

[3] ولادت سے ولادت نبوی مراد ہے۔

[4] یہ شہزادے بی بی ماریہ سے تھے ان کے علاوہ آپ کے تمام شہزادے و شہزادیاں بی بی خدیجہ سے ہوئیں۔

رسولُ اللہ صلی اللہ علیہ والہٖ وسلّم کے غزوات و سرایا

رسول خدا صلّی اللہ علیہ والہٖ وسلّم کے مبارک دور میں ہونے والی جنگوں کی تعداد 100 تک بیان کی جاتی ہے۔ ان میں سے کثیر ایسی جنگیں ہیں جن میں تلوار اٹھانے کی نوبت ہی نہیں آئی۔ ایک تحقیق کے مطابق ان تمام غزوات و سرایا میں 181 صحابہ کرام نے جام شہادت نوش فرمایا جبکہ 202 غیر مسلم ہلاک ہوئے، یوں مقتولین کی کل تعداد 383 ہے۔ اس سے معلوم ہوتا ہے کہ دورِ نبوی میں ہونے والی تمام غزوات و سرایا امن و سلامتی کے فروغ کیلئے تھیں۔ غزوات و سرایا کے اعداد و شمار یہ ہیں:

غزوہ کا نام	مسلمان شہداء	مقتول کفار
غزوہ بدر	14	70
غزوہ سویق	2	-
سریہ سرکوبی کعب بن اشرف	-	1
غزوہ احد	70	22
غزوہ حمراء الاسد	-	1
سریہ رجیع	7	-
سریہ بئر معونہ	27	-
غزوہ خندق	6	3
سریہ عبد اللہ بن عتیک	-	1
غزوہ بنو قریظہ [1]	-	-
غزوہ ذی قرد	2	1
غزوہ بنو مصطلق	1	-
غزوہ خیبر	20	2
غزوہ وادی قریٰ	1	-
غزوہ موتہ	11	-
فتح مکہ	3	17
غزوہ حنین	4	84
غزوہ طائف	13	-

کل تعداد	مسلمان شہداء	مقتول کفار
	181	202

1 یہودیوں کی عہد شکنی کی سزا دینے کیلئے حضور علیہ السلام لشکر لے کر بنو قریظہ پہنچے، انہوں نے محاصرے سے تنگ آ کر ہتھیار ڈال دیئے اور کہا کہ حضرت سعد بن معاذ ان کے بارے فیصلہ کریں۔ حضرت سعد کے فیصلے کی روشنی میں ان کے لڑنے والوں کو قتل کیا گیا۔ یوں یہ ہلاکتیں میدانِ جنگ میں نہ ہوئیں۔

رَسُولُ اللہ صلَّی اللہ علیہ واٰلہٖ وسلَّم کے عمومی استعمال کی بعض چیزیں [1]

قینچی
جامع

سرمہ دانی
سوتے وقت اثمد سرمہ لگانے کے لئے استعمال فرمایا کرتے تھے

سلائی
سرمہ لگانے کے لئے، لکڑی کی تھی

چھڑی
ممشوق

صندوقچی
شاہ مقوقس نے تحفے میں بھیجی، سفر میں ساتھ رہتی تھی اس میں آپ کی یہ 5 چیزیں ہوتیں کنگھی، سرمہ دانی، قینچی، مسواک، آئینہ

ٹب
کپڑے دھونے کے لئے پیتل کا ایک برتن

پیتل کا بڑا پیالہ
سَعَہ

عصا
اسی وجہ سے آپ کو صاحب الھراوہ فرمایا گیا

چارپائی
بی بی عائشہ کے گھر میں تھی اسعد بن زرارہ نے پیش کی تھی اس کے پائے ساگوان کے تھے

چمڑے کا تکیہ
اس میں کھجور کی چھال بھری ہوئی تھی

چمڑے کا بچھونا
اس میں کھجور کی چھال بھری ہوئی تھی

مِخْضَب
پتھر کا طشت اس سے وضو فرماتے تھے

آئینہ
مُدِلَّہ

کنگھی
ہاتھی دانت کی بنی ہوئی تھی

نعلین شریف
بغیر بال کے چمڑے کے تھے اور ہر ایک میں بندش کے دو تسمے تھے

کرسی
جس کے پائے لوہے یا سیاہ لکڑی کے تھے

دسترخوان
جس پر بیٹھ کر کھانا تناول فرماتے

ایک چٹائی جس پہ رات میں نماز ادا فرماتے اور دن میں تشریف فرما ہوتے

عمامے
سیاہ، حرقانی، زرد زعفرانی، سفید، دھاری دار سرخ، سبز

[1] شرح الزرقانی علی المواہب، 5/93-97، ملتقطاو ملخصاً و تاریخ الخمیس، جزء2

رسولُ اللہ صلی اللہ علیہ والہٖ وسلم کی سواریاں اور جانور

اونٹنیاں	خچر	دراز گوش
قصواء، عضباء، جدعا	دُلدُل	یعفور [1]

اونٹ

ثعلب | جمل احمر | عسکر | سہری | اور کئی اونٹ جن کے نام معروف نہیں

سفید رنگ کا مرغا

بکریاں

دودھ دینے والی بکریاں 10 تھی انہیں سیدہ ام ایمن چرایا کرتی تھیں

بَرَکہ | زمزم | قَمَر | وَرشہ | عجرہ | اَطراف

سُقیاء | اَطلال | یمن | غوشہ یا غَیثہ

20 اونٹنیاں دودھ دینے والی تھی جو مدینہ سے باہر چرا کرتی تھیں اور روزانہ رات کو دو بڑے مشکیزے دودھ کے لائے جاتے۔[2]

1. سبل الہدیٰ والرشاد، ابواب ذکر دوابہ…، 11/419-420، ملتقطا
2. شرح الزرقانی علی المواہب، 5/109-112، ملتقطا وملخصا

تیرھواں باب

حیاتِ مصطفٰی ایک نظر میں

A glance on the Blessed Life of the Holy Prophet

اسلامی سن	عیسوی سن	اہم واقعات
ولادت کا سال	20 اپریل 571ء	12 ربیع الاول کو مکہ میں ولادت / ولادت سے چھ ماہ قبل والد کا وصال
دوسرا سال	572ء	حضرت حلیمہ کے پاس قبیلہ بنو سعد میں رہے۔
تیسرا سال	573ء	مکہ واپسی مگر وَبا کی وجہ سے قبیلہ بنو سعد میں مزید قیام
چوتھا سال	574ء	قبیلہ بنو سعد میں شقِ صدر / والدہ کے پاس واپسی
عمر مبارک کا چھٹا سال	577-576ء	والدہ اور امِّ ایمن کے ساتھ مدینہ سے واپسی پر اَبواء کے مقام پر والدہ حضرت آمنہ رَضِیَ اللہُ عَنْہَا کا انتقال اور تدفین۔
آٹھواں سال	579-578ء	دادا عبدُ المطّلب کا انتقال / چچا ابو طالب کی کفالت کا آغاز
نواں سال	580-579ء	عرب میں شدید قحط جو آپ کی برکت سے دور ہوا۔
دسواں سال	581ء	10 سال کی عمر میں اپنے چچا زبیر کے ہمراہ یمن کا سفر۔
بارہواں سال	583ء	ابو طالب کے ساتھ ملکِ شام کا پہلا تجارتی سفر اور بَحِیرا راہب سے ملاقات۔
چودہواں سال	585-584ء	حربِ فجار میں شرکت
بیسواں سال	590-589ء	حِلفُ الفضول میں شرکت
پچیسواں سال	595ء	حضرت خدیجہ کی فرمائش پر ان کے مال کے ساتھ شام کا دوسرا تجارتی سفر پھر تین ماہ بعد حضرت خدیجہ سے شادی
تیسواں سال	600ء	سب سے بڑی شہزادی حضرت زینب کی ولادت
تینتیسواں سال	603ء	دوسری شہزادی حضرت رقیہ کی ولادت
پینتیسواں سال	605ء	تعمیر کعبہ میں شرکت / حجرِ اسود کے تنازع کا فیصلہ / حضرت فاطمہ کی ولادت
یکم نبوی	فروری 610ء	عمر مبارک کے چالیسویں سال پہلی وحی کی آمد اور اعلانِ نبوت۔
یکم تا 3 نبوی	613-610ء	تین سال تک خفیہ طور پر دعوتِ اسلام / صاحبزادی حضرت رقیہ کا حضرت عثمانِ غنی رَضِیَ اللہُ عَنْہُمَا سے نکاح
4 نبوی	614-613ء	اعلانیہ تبلیغِ اسلام کا آغاز اور شرک و بت پرستی سے روکنا۔
5 نبوی	615ء	مسلمانوں کو حبشہ ہجرت کرنے کا حکم فرمایا۔

6نبوی	616ء	حضرت عمر فاروقِ اعظم اور حضرت امیر حمزہ رَضِیَ اللہُ عَنْہُمَا کا قبولِ اسلام
7نبوی	617ء	خاندانِ بنو ہاشم کا شعبِ ابی طالب میں محاصرے کا آغاز۔
10نبوی	620-619ء	شعبِ ابی طالب میں بائیکاٹ کا اختتام۔
10نبوی	620-619ء	اس سال کو عام الحزن کہا جاتا ہے، رَسُولُ اللہ صَلَّی اللہُ عَلَیْہِ وَاٰلِہٖ وَسَلَّمَ کے چچا ابو طالب اور زوجہ حضرت خدیجہ رَضِیَ اللہُ عَنْہَا کا انتقال ہوا۔
12نبوی	جولائی 621ء	پہلی بیعتِ عقبہ جب مدینہ کے 12 افراد منیٰ کی گھاٹی میں اسلام لائے / معجزۂ معراج عطا ہوا۔
13نبوی	جون 622ء	دوسری بیعتِ عقبہ جب مدینہ کے مزید 72 افراد نے منیٰ کی گھاٹی آپ کے مبارک ہاتھ پر بیعت کی / اسی سال ستمبر میں ہجرتِ مدینہ
ربیع الاول یکم ہجری	622ء	قباء میں آمد / تعمیرِ مسجدِ قباء / پہلا جمعہ ادا فرمایا / مدینے میں جلوہ گری / تعمیرِ مسجد نبوی / مواخاتِ مدینہ قائم فرمائی / اذان و اقامت کی ابتدا / سیدہ عائشہ سے شادی / حضرت فاطمہ کی شادی
2ہجری	624-623ء	تبدیلِ قبلہ / رمضان کے روزوں کی فرضیت / نمازِ عیدین و قربانی کا وجوب / غزوۂ بدر / اِمامِ حسن کی ولادت / حضرت رقیہ کی وفات / حضرت اُمِّ کلثوم کی حضرت عثمان رَضِیَ اللہُ عَنْہُمْ اَجْمَعِیْن سے شادی
شوال 3ہجری	مارچ 625ء	اسی سال غزوۂ اُحد کا معرکہ پیش آیا / حضرت حمزہ رَضِیَ اللہُ عَنْہ کی شہادت
4ہجری	626-625ء	سانحۂ رجیع / بئر معونہ / صلوٰۃُ الخوف کا حکم / اِمامِ حسین رَضِیَ اللہُ عَنْہ کی ولادت / حضرت اُمِّ سَلَمہ اور حضرتِ زینب بنتِ جَحش رَضِیَ اللہُ عَنْہا سے شادی / نمازِ قصر اور پردے کا احکام کا نزول
5ہجری	627-626ء	حضرت جُویریہ رَضِیَ اللہُ عَنْہا سے نکاح / غزوۂ خندق / غزوۂ بنو مُصطلق / واقعۂ افک / تیمُّم کے جواز کا حکم نازل ہوا / غزوۂ بنو قریظہ
6ہجری	628ء	بیعتِ رضوان / صلح حدیبیہ / بادشاہوں کو دعوتِ اسلام کے مکتوب بھیجے / شاہِ حبشہ حضرت نجاشی رَضِیَ اللہُ عَنْہ کا قبولِ اسلام

7ہجری	628-629ء	غزوۂ خیبر / غزوۂ ذات الرّقاع / حضرتِ اُمِّ حبیبہ، حضرتِ صفیہ اور حضرتِ میمونہ رَضِیَ اللہُ عَنْھُن سے نکاح / معجزۂ ردُّالشمس / شہزادے حضرت ابراہیم رَضِیَ اللہُ عَنْہ کی ولادت / عمرۂ قضا کی ادائیگی
8ہجری	630ء	فتح مکہ / غزوۂ حُنَین / غزوۂ طائف / غزوۂ مُوتہ
9ہجری	631ء	غزوۂ تبوک / مختلف وُفود کی بارگاہِ رسالت میں حاضری
10ہجری	632ء	شہزادے حضرت ابراہیم رَضِیَ اللہُ عَنْہ کا وصال / صحابۂ کرام کے عظیم اجتماع کے ساتھ الوداعی حج کی ادائیگی / جیشِ اسامہ کی تیاری / 12ربیع الاول بروز پیر مطابق 12 جون 632ء کو 63 سال کی عمر میں رسولِ کریم صَلَّی اللہُ عَلَیْہِ واٰلِہٖ وَسَلَّم کا وصالِ ظاہری، یکم ربیع الاول اور 2ربیع الاول کو وفات شریف کے بھی اقوال ہیں / حضرت عائشہ رَضِیَ اللہُ عَنْھا کے حجرے (یعنی گھر) میں تدفین۔

سیرتِ رسول کے واقعات میں ممکنہ حتمی تواریخ کا اہتمام کیا گیا ہے مگر پھر بھی ردوبدل کا احتمال موجود ہے۔

ماخذومراجع

نام کتاب	مؤلف / مصنف / متوفی	مطبوعہ
	قرآن مجید	
کنزالایمان	اعلیٰ حضرت امام احمد رضاخان، متوفی 1340ھ	مکتبۃ المدینہ کراچی
تفسیر در منثور	علامہ جلال الدین عبد الرحمٰن السیوطی، متوفی 911ھ	دار الفکر بیروت 2011
صحیح البخاری	امام ابو عبد اللہ محمد بن اسماعیل بخاری، متوفی 256ھ	دار الکتب العلمیہ بیروت 1419ھ
صحیح مسلم	امام ابو حسین مسلم بن حجاج قشیری، متوفی 261ھ	دار الکتاب العربی بیروت 2008ء
سنن ابی داود	امام ابو داود سلیمان بن اشعث سجستانی، متوفی 275ھ	دار احیاء التراث العربی بیروت 1421ھ
سنن الترمذی	امام ابو عیسیٰ محمد بن عیسی ترمذی، متوفی 279ھ	دار الفکر بیروت 1414ھ
سنن نسائی	امام احمد بن شعیب نسائی، متوفی 303ھ	دار الکتب العلمیہ بیروت 2009ء
سنن ابن ماجہ	امام ابو عبد اللہ محمد بن یزید ابن ماجہ، متوفی 383ھ	دار المعرفہ بیروت
مستدرک	ابو عبد اللہ امام محمد بن عبد اللہ حاکم نیشاپوری، متوفی 404ھ	دار المعرفہ بیروت 1418ھ
جمع الجوامع	امام جلال الدین بن ابو بکر سیوطی شافعی، متوفی 911ھ	دار الکتب العلمیہ بیروت 1421ء
الشمائل المحمدیہ	امام ابو عیسیٰ محمد بن عیسی ترمذی، متوفی 279ھ	دار احیاء التراث العربی
کتاب المغازی للواقدی	امام محمد بن عمر الواقدی، متوفی 207ھ	موسسۃ الاعلمی للمطبوعات بیروت 1989ء
الاکتفا	علامہ ابو الربیع سلیمان بن موسیٰ اندلسی، متوفی 634ھ	دار الکتب العلمیہ بیروت 2000ء
وفاء الوفاء	علامہ نور الدین سمہودی، متوفی 911ھ	دار احیاء التراث العربی
سیرت حلبیہ	علامہ علی بن برھان الدین حلبی، متوفی 1044ھ	دار المعرفۃ بیروت
الروض الانف	امام ابو قاسم عبد الرحمٰن سہیلی، متوفی 581ھ	دار الکتب العلمیۃ بیروت
السیرۃ النبویۃ لابن ہشام	علامہ عبد الملک بن ہشام حمیری، متوفی 213ھ	دار الجیل بیروت
دلائل النبوۃ	امام ابو بکر احمد بن حسین بن علی بیہقی، متوفی 458ھ	دار الکتب العلمیہ بیروت 1988ء
المواہب اللدنیۃ	امام احمد بن محمد قسطلانی، متوفی 923ھ	دار الکتب العلمیہ بیروت 1996ء
شرح زرقانی علی المواھب	امام محمد الزرقانی بن عبد الباقی، متوفی 1122ھ	دار الکتب العلمیہ بیروت 1996ء
سبل الھدی والرشاد	امام محمد بن یوسف صالحی شامی، متوفی 942ھ	دار الکتب العلمیہ بیروت 1993ء

فتوح البلدان	علامہ ابو العباس احمد بن یحیی بلاذری	موسسۃ المعارف 1987ء
طبقات ابن سعد	محمد بن سعد بن منیع ہاشمی	دار الکتب العلمیہ بیروت 1997ء
مدارج النبوت	شیخ عبد الحق محدث دہلوی رحمۃ اللہ علیہ، متوفی 1052ھ	مرکز اھل سنت برکات رضا
معارج النبوت	مولانا معین الدین کاشفی ہروی	نوریہ رضویہ پبلشنگ کمپنی
سیرت مصطفےٰ	شیخ الحدیث علامہ عبد المصطفےٰ اعظمی	مکتبۃ المدینہ کراچی
بلد الامین	علامہ ابو النصر منظور احمد شاہ ہاشمی رحمۃ اللہ علیہ	مکتبہ نظامیہ ساہیوال
الکلام الاوضح فی تفسیر الم نشرح (انوارِ جمالِ مصطفےٰ)	امام المتکلمین مولانا نقی علی خان، متوفی 1297ھ	شبیر برادرز لاہور
فیضانِ خدیجۃُ الکبریٰ	المدینۃ العلمیۃ (شعبہ فیضانِ صحابیات)	مکتبۃ المدینہ کراچی
بہار شریعت	صدر الشریعہ مفتی امجد علی اعظمی، متوفی 1367ھ	مکتبۃ المدینہ کراچی
ذوقِ نعت	مولانا حسن رضا خان بریلوی	مکتبۃ المدینہ کراچی

کریکشن

صفحہ	لائن	تصحیح سے پہلے	تصحیح کے بعد
9	14	پیش کی کرنے کی مقدور بھر	پیش کرنے کی مقدور بھر
12	18	باب زیاۃ القبور	باب زیارۃ القبور
30	14	”حلف الفضول “یعنی	”حلف الفضول “ تھا یعنی
33	4	زندگی گزار دیتا	زندگی گزاروں گا
34	1	کی پاکدامنی کہ وجہ	کی پاکدامنی کی وجہ
37	7	امانت دیانت اور صداقت کا دور دور	امانت دیانت اور صداقت دور دور
45	15	بڑھے اور اور اس کافر کو	بڑھے اور اس کافر کو
58	9	اپنے اہل خاندان	اپنے خاندان
61	1	حضرت ابو بکر صدیق اور حضرت علی رضی اللہ عنہ	حضرت ابو بکر صدیق اور حضرت علی رضی اللہ عنہما
72	12	تلواروں کا مزہ چھکائیں گے	تلواروں کا مزہ چکھائیں گے
77	5	باقی لوگ واپس چلیں جائیں	باقی لوگ واپس چلے جائیں
92	16	مقامات سورۃ مائدہ	مقامات سورۂ مائدہ
92	17	اور سورۃ فتح	اور سورۂ فتح
93	4	کعبہ شریف تک پہنچے نہیں	کعبہ شریف تک پہنچنے نہیں
99	16	پہلے والے عمرہ کہ وجہ سے	پہلے والے عمرہ کی وجہ سے
106	16	کا کافروں سے سامنہ ہوا	کا کافروں سے سامنا ہوا
110	4	ان علانات کے	ان اعلانات کے
118	8	حضرت عائشہ رضی اللہ عنہ	حضرت عائشہ رضی اللہ عنہا
124	حاشیہ 4	جو پا جانے کی	جو پا جائے کی
125	8	ترجمہ کنز الایمان	ترجمہ کنز العرفان
127	2	خضوع انکسار بادب سے	خضوع انکسار باادب سے
127	12	اللہ ربِّ العالمین	اللہ رب العالمین (با کے نیچے زیر ہٹانا ہے)
131	8	میرے ہاتھ میں لوائے حمد کا پرچم ہو گا	میرے ہاتھ میں لوائے حمد ہو گا
137	18	سے بھی آپ ان طرف کپڑے	سے بھی آپ ان کی طرف کپڑے
بیک ٹائٹل	6	نمومہ	نمونہ

AF898428

www.ingramcontent.com/pod-product-compliance
Lightning Source LLC
LaVergne TN
LVHW072030061026
849558LV00051B/564
9789697221813